SUE BIRTWISTLE & SUSIE CONKLIN

Stolz und Vorurteil

DIE WELT DER JANE AUSTEN

Aus dem Englischen
von Sabine Lorenz und Felix Seewöster

Die Deutsche Bibliothek – CIP-Einheitsaufnahme
Birtwistle, Sue:
Stolz und Vorurteil : die Welt der Jane Austen / Sue Birtwistle & Susie Conklin.
Aus dem Engl. von Sabine Lorenz und Felix Seewöster. –
1. Aufl. – Köln : vgs, 1997
Einheitssacht.: The making of pride and prejudice <dt.>
ISBN 3-8025-2454-3
NE: Conklin, Susie:

Das Buch erscheint begleitend zu der Serie *Stolz und Vorurteil,*
die im ZDF ausgestrahlt wird.
Erstveröffentlichung: 1995 by the Penguin Group and BBC Worldwide Limited.
Titel der Originalausgabe: The Making of Pride and Prejudice
© Sue Birtwistle and Susie Conklin, 1995
All rights reserved.
All photographs copyright © BBC
Design Cosultant: Gerry Scott

1. Auflage 1997
© der deutschen Buchausgabe: vgs verlagsgesellschaft, Köln
Alle Rechte vorbehalten.
Lektorat: Dirk Müller, Köln
Umschlaggestaltung: Papen Werbeagentur, Köln
Satz: Kalle Giese Grafik, Overath
Druck: Butler & Tanner, Frome
Printed in Great Britain
ISBN 3-8025-2454-3

INHALT

	Einführung	V
KAPITEL 1	Drehbuch	1
KAPITEL 2	Pre-Production	14
	Casting	15
	Drehorte	22
	Produktionsteam	27
KAPITEL 3	Produktionsdesign	35
KAPITEL 4	Kostüme, Maske und Frisuren	47
KAPITEL 5	Musik	61
KAPITEL 6	Tanz	67
KAPITEL 7	Noch zwei Wochen . . .	73
KAPITEL 8	Drehbeginn	79
KAPITEL 9	Ein Gespräch mit Colin Firth	97
KAPITEL 10	Post-Production	107
ANHANG 11	Besetzungs- und Stabliste	116
	Danksagung	120

Die Familie Bennet

Im Herbst des Jahres 1986 war ich einer Einladung zur Preview von *Northanger Abbey* (Die Abtei von Northanger) gefolgt, einer Verfilmung des gleichnamigen Romans von Jane Austen. Unter den Zuschauern befand sich auch Andrew Davies, mit dem ich in der Vergangenheit schon oft zusammengearbeitet hatte. Er erinnert sich noch gut an den Abend: »Es war eine interessante, temporeiche Verfilmung, und nach der Vorstellung wandte sich Sue an mich und sagte, sie hätte große Lust, *Stolz und Vorurteil* zu verfilmen, als frische und vitale Geschichte über lebendige Menschen. Dabei müsse deutlich werden, daß es in dem Roman vor allem um Sex und Geld geht und allein dies die Motive seien, die die Handlung vorantreiben. Schließlich fragte sie mich, ob ich Lust hätte, das Drehbuch zu schreiben. Jane Austens Roman hat schon immer zu meinen Lieblingsbüchern gezählt, daher willigte ich nur zu gern ein. Und damit war die Sache beschlossen.«

Produzentin Sue Birtwistle

Nun, ganz so einfach stellte sich »die Sache« dann doch nicht dar. Von jenem Abend bis zur Ausstrahlung unserer Version von *Stolz und Vorurteil* (engl. *Pride and Prejudice*) im Herbst 1995 sollten noch neun Jahre vergehen.

In der Woche nach der Preview trafen wir uns, um über den Roman zu sprechen, der uns beide so faszinierte. Von Anfang an waren wir uns darüber einig, daß wir mit Filmmaterial und nicht mit Video arbeiten wollten, um die Vitalität und Energie zu vermitteln, die der Roman ausstrahlt. Ich werde oft gefragt, warum wir eine neue Filmfassung für nötig hielten, da doch eine BBC-Verfilmung des Stoffes auf Video aus dem Jahr 1980 existiert. Obwohl Videobänder das vorrangige Medium für das Fernsehen sind und bei der Aufzeichnung von Dokumentationen, Nachrichten und ähnlichem vollkommen zufriedenstellende Ergebnisse liefern, sind sie meiner Meinung nach für die Verfilmung anspruchsvollerer Stoffe ungeeignet. Geradezu unpoetisch, könnte man sagen. Wir aber wollten für unsere Verfilmung eine Freiheit, die man mit im Studio gemachten Videoaufnahmen nicht erreicht.

Autor Andrew Davies

Zumindest in diesem Stadium wollten wir das Projekt noch nicht der BBC anbieten. Statt dessen planten wir, es dem Sender ITV zu verkaufen. Diese Entscheidung versetzte viele Leute aus unserem Bekanntenkreis in Erstaunen, da die BBC sozusagen als Heimat »klassischer Literaturverfilmungen« gilt. Da das Buch Austens der wohl bekannteste und auch international meistgelesene englischsprachige Roman sein dürfte, gingen unsere Überlegungen dahin, daß die Verfilmung ein möglichst breites Publikum erreichen sollte. Würde sie von der BBC ausgestrahlt, schalteten sich die Stammzuschauer von ITV möglicherweise erst gar nicht zu. Während wir andererseits davon ausgehen konnten, daß das BBC-Publikum sich in jedem Fall für eine Jane-Austen-Verfilmung interessieren würde, gleich welcher Sender sie ausstrahlte.

Mir war klar, wenn ich mich mit ITV direkt in Verbindung setzte, um ihnen *Stolz und Vorurteil* vorzuschlagen, würde ich als Antwort ein knappes und deutliches »Nein« zu hören bekommen. Also rief ich statt dessen Nick Elliott an, der zu jenem Zeitpunkt Programmdirektor der Abteilung »Drama« bei LWT war und mit dem ich bereits früher zusammengearbeitet hatte. »Andrew Davies und ich würden Sie gerne zum Lunch einladen und Ihnen eine sechsteilige Fernsehbearbeitung des erotischsten Buches aller Zeiten offerieren«. Den Namen des Romans nannte ich nicht. Elliotts Interesse war derart groß, daß er sich bereits am folgenden Tag mit uns traf. Wir schilderten ihm den Handlungsablauf des Buches so, als ob es eben erst geschrieben worden wäre. »Es geht um fünf Mädchen im Alter von fünfzehn bis zweiundzwanzig, deren Mutter verzweifelt darum bemüht ist, sie mit reichen Männern zu verkuppeln. Ein paar der Mädchen sind zwar sehr hübsch, aber die Familie hat wenig Geld ...« Elliott erwärmte sich für den Stoff und fragte, ob die Rechte dafür frei seien. Als wir schließlich gestanden, daß es sich um *Stolz und Vorurteil* handelte, war er vollkommen verblüfft. Wie immer fällte Nick auch dieses Mal seine Entscheidung sehr rasch: »Ich hielt es für eine großartige Idee. Das Argument, daß sich dieser Stoff erfolgreich verfilmen ließe, leuchtete mir unmittelbar ein, und so beschloß ich auf der Stelle, die Drehbücher für die ersten drei Folgen in Auftrag zu geben. Und als ich die ersten Bücher dann in den Händen hielt, war ich begeistert, sie zählten zu den besten Skripts, die ich je gelesen hatte. Unglücklicherweise gab es einige Leute im Sender, die der Ansicht waren, daß es sechs Jahre nach der BBC-Fassung noch zu früh für eine Neuverfilmung wäre, so daß das Projekt erst einmal auf Eis gelegt wurde.«

Das Projekt mag »auf Eis« gelegen haben, aber nicht die Publicity dafür. In einem Interview war Andrew gefragt worden, woran er gerade arbeitete. Er erwähnte *Stolz und Vorurteil* und ließ im selben Atemzug die Wörter »Sex und Geld« fallen. Die Boulevardblätter griffen dies dankbar auf und schrieben in einer Schlagzeile von der »Sexautorin Jane Austen«. Diese Neuverfilmung, so versicherten sie ungeniert, würde gewagte Sex- und unverhüllte Nacktszenen beinhalten. Die seriösen Zeitungen griffen die Geschichte auf, und der *Guardian* kommentierte den Vorgang sogar mit einer Karikatur auf der Titelseite. Einige um Stellungnahme gebetenen Jane-Austen-Experten waren schnell bei der Hand mit einer Verdammung dieser »reißerischen« Verfilmung. Kein Mensch hielt es offenbar für nötig, zum Telefonhörer zu greifen, mich anzurufen und zu fragen, ob die in der Presse verbreitete Geschichte der Wahrheit entsprach. Natürlich tat sie es nicht. Zweifelsohne hatten wir einen Fehler gemacht, den Roman als »sexy« zu bezeichnen. Was wir damit meinten, war etwas vollkommen anderes: Wenn Darcy quer durch das Zimmer Elizabeth anstarrt, dann ist das aufregend, und wenn Darcy und Elizabeth sich beim Tanzen zum ersten Mal berühren, dann ist das erotisch. Bettszenen jedenfalls schwebten uns nicht vor. Aber dieses Gerücht schien nicht mehr aus der Welt zu schaffen zu sein.

Karikatur aus *The Guardian*, 1990: »Die leidenschaftlichen Sexszenen sollten wir vielleicht den Fernsehleuten überlassen, Miss Austen.«

Michael Wearing

Zu Beginn des Jahres 1993 erwachte bei ITV das Interesse an *Stolz und Vorurteil* erneut, und Nick Elliott hielt den Moment für gekommen, das Projekt doch noch zu verwirklichen. Zu genau diesem Zeitpunkt trat auch Michael Wearing, Leiter der Abteilung Dramen und Serien bei der BBC, auf den Plan: »Bei der BBC bestand ein großes Interesse daran, wieder klassische Serien zu produzieren«, erinnert er sich. »Und nachdem ich die ersten drei Drehbücher gelesen hatte, war ich davon überzeugt, daß hier das Potential für eine kraftvolle und großartige Interpretation des Stoffes lag. Mir gefiel vor allem der Gedanke, daß die Idee zu dieser Neuverfilmung nicht auf die BBC, sondern auf die leidenschaftliche Begeisterung der Beteiligten zurückging. Daher beschloß ich, auch die restlichen Drehbücher in Auftrag zu geben.«

Im November 1993 wurde ich aufgefordert, auf der Grundlage der Drehbücher und meiner Gespräche mit der Produktionsdesignerin Gerry Scott und der für das Casting zuständigen Janey Fothergill einen Budgetierungsplan zu erstellen. Noch vor Weihnachten erhielten wir das »O.K.« Im Januar '94 stieß Simon Langton als Regisseur zu uns, und die Pre-Production, die Vorbereitungsphase für den Film, begann. Auf einmal arbeiteten also zwölf Leute nur an diesem Projekt. Und es wurden immer mehr. Im Juni, am ersten Tag der Dreharbeiten, fuhr ich zum Drehort und hatte schließlich auf einem freien Feld die gesamte Crew vor Augen. Das ganze kam mir wie ein riesiger Zirkus

Dreharbeiten in Wiltshire

vor: große Lastwagen mit Kulissen, Beleuchtung, Requisiten und Verpflegung, Wohnwagen für die Schauspieler, für die Maske und die Kostüme, ein Doppeldeckerbus, der als Kantine eingerichtet war, Pferde und Kutschen, Dutzende von bereits sorgfältig ausstaffierten Schauspielern. Wir begannen die Dreharbeiten in Grantham und beendeten sie am 1. November in Warwick. Die Nachbearbeitung dauerte noch bis Mitte Mai 1995, als sich die letzten Mitglieder des Teams voneinander verabschiedeten. Das hier nun vorliegende Buch entstand, weil uns immer wieder Fragen über die Dreharbeiten und das Entstehen der Serie gestellt worden sind. Ich hoffe, daß zumindest einige dieser Fragen damit befriedigend beantwortet werden.

Insgesamt gesehen war die Verfilmung von *Stolz und Vorurteil* harte, aber zugleich auch sehr angenehme Arbeit. Es gab in diesen Monaten eine Reihe von Augenblicken, die ich nie vergessen werde. Eine kleine Episode aus der Zeit, als wir noch mit der Vorbereitung beschäftigt waren, mag einen Eindruck davon vermitteln: Verschiedene Leute in den USA zeigten sich daran interessiert, in unser Projekt zu investieren. Eines Tages erhielt ich den Anruf eines potentiellen Investors (es handelte sich dabei *nicht* um Arts and Entertainment Network aus New York, die wir schließlich als Co-Produzenten gewinnen konnten). Unser Gespräch verlief etwa folgendermaßen:

»Wir könnten 1 Million Pfund in *Stolz und Vorurteil* investieren. Wer ist eigentlich der Autor?«

Da diese Leute bereit waren, eine so große Summe Geldes einzusetzen, glaubte ich davon ausgehen zu können, daß sie das Buch, auf dem der Film basiert, bereits gelesen hatten und nun wissen wollten, wer das Drehbuch geschrieben hatte. »Andrew Davies«, antwortete ich daher, fügte aber noch hinzu: »nach dem Roman«.

»Roman? Welcher Roman?«

»Äh ... der Roman. Von Jane Austen.«

»Wie schreibt man das?«

Ich buchstabierte den Namen.

»Verkaufen sich ihre Bücher gut?«

»Äh ... doch. Sehr gut.«

»Wieviel verkaufte Exemplare?«

»Sie meinen alles in allem?«

»Yeah, seit der Erstveröffentlichung.«

»Seit ... äh ... 1813?«

Mein Gegenüber schwieg eine ganze Weile. »Sie ist tot?« Wieder Stille. »Dann steht sie also nicht zum Signieren ihrer Bücher zur Verfügung?«

Sue Birtwistle
Mai 1995

Kapitel 1

DAS DREHBUCH

Eine sechsteilige Fernsehserie zu schreiben ist schwierig und zeitaufwendig, doch für Andrew Davies war die Arbeit an den Drehbüchern zu *Stolz und Vorurteil* eine höchst erfreuliche Erfahrung: »Das Buch von Jane Austen gehörte schon immer zu meiner Lieblingslektüre. Aus purer Lust habe ich es unzählige Male wieder gelesen, und ich glaube, daß es mir vor allem deswegen von allen Romanen Jane Austens am besten gefällt, weil ich, wie vermutlich jeder Leser, in Elizabeth verliebt bin. Ich finde es einfach bezaubernd, wie energiegeladen und unbekümmert keß sie ist. In meinen Augen hat nur dieses Buch von Jane Austen, hat nur Elizabeth diese Eigenschaften, die tatsächlich sehr modern sind. Sie ist eine entschlossene Moralistin, verfügt über einen wunderbaren Sinn für Humor und macht sich gerne über andere Leute lustig. Dabei nimmt sie sich selbst nicht allzu ernst, hat aber trotzdem ein gesundes Selbstbewußtsein. Sie ist auf eine Geldheirat angewiesen und zugleich entschlossen, ihren zukünftigen Mann zu lieben. Eine großartige Figur.«

Bevor Andrew sich an seinen Schreibtisch setzen konnte, mußte er allerdings eine Entscheidung über die Länge der Filmbearbeitung fällen. »Selbstverständlich war *Stolz und Vorurteil* bereits verfilmt worden, doch durch die relativ begrenzte Länge des Spielfilmformats war nicht zu vermeiden, daß einige wichtige Aspekte wegfielen. Weil der Roman so dicht ist – die Handlung funktioniert wie ein Schweizer Uhrwerk und enthält keinerlei überflüssige Schnörkel –, zählt jedes Detail.

Also sah ich mir den Stoff genau an und gelangte zu dem Schluß, daß wir mit sechs Episoden in der Lage wären, auch die Briefe filmisch umzusetzen, und all das, worauf Jane Austen nur anspielt, als Rückblenden oder kleine hinzuerfundene Szenen zu zeigen. So müßte sich der Stoff nahezu perfekt in sechs Teilen unterbringen lassen, alle wesentlichen Elemente der Geschichte würden erhalten bleiben.

In diesem Stadium wurden zahlreiche Gespräche darüber geführt, wie gewährleistet werden konnte, daß jede einzelne Episode so fesselnd wie möglich begann und so spannend wie möglich endete, im Idealfall an einem entscheidenden Wendepunkt der Handlung. Einfach gesagt, die ersten drei Teile führen zu Darcys erstem, arrogantem Heiratsantrag hin, den Elizabeth ablehnt, und die letzten drei Episoden zu seinem zweiten, aufrichtigen Antrag, den eine gezähmte Elizabeth annimmt.

Die Bearbeitung eines Romans für das Fernsehen ist nicht so einfach, wie

»Ich muß gestehen, daß ich sie für das entzückendste Geschöpf halte, das je im Druck erschienen ist« (Jane Austen über Elizabeth Bennet).

Darcy und Bingley entdecken Netherfield

»Mr. Bingley war durch Zufall auf Netherfield aufmerksam geworden. […] er nahm es sofort.« (Jane Austen)

Angeregt durch die galoppierenden Pferde, läuft Elizabeth den Hügel hinunter zurück nach Longbourn.

manche glauben mögen. Nur zu leicht läuft man Gefahr, die Handlung ehrfürchtig Szene für Szene zu kopieren, um dann festzustellen, daß die filmische Version zu literarisch und zu wenig dramatisch geworden ist. Szenen, die im Buch wichtig sind, erscheinen auf dem Bildschirm bedeutungslos. Zeitsprünge, die im Roman einleuchten, zerstückeln die Filmhandlung, und ein denkwürdiger Dialog auf dem Papier verwandelt sich im Mund der Schauspieler zu Blei. Die Gründe dafür sind vielfältig.

Andrew Davies hat über viele Jahre hinweg Literatur unterrichtet und verfügt über umfangreiche Kenntnisse der verschiedenen Bauformen des Romans. Doch im Hinblick auf die Erstellung von Drehbüchern für Fernsehen und Film vertritt er den Standpunkt: »zeigen statt zu erzählen«. Anders gesagt, die Kamera soll über weite Strecken hinweg die Rolle des Erzählers übernehmen. Die Art und Weise, wie sie erzählt, ist allerdings eine andere, vor allem schnellere. Selbstverständlich sind Dialoge von größter Bedeutung – und Jane Austen darf wohl mit Recht als Autorin einiger der gelungensten Dialoge der Literatur überhaupt gelten –, doch was einen wirklich guten Film ausmacht, ist das visuelle Erzählen der Geschichte. Das Ziel, das Andrew vor Augen hatte, war also klar umrissen. Es galt, Ton und Geist des Romans weitestgehend zu erhalten, zugleich aber die Möglichkeiten des visuellen Erzählens auszuschöpfen, um größtmögliche Lebendigkeit zu erreichen.

»Im Gegensatz zu dem Drehbuch für einen Film, der im Studio und auf Video produziert werden soll, hat man bei einem Projekt, das mit Außenaufnahmen und auf Filmmaterial realisiert werden soll, wesentlich mehr Freiheit. So habe ich zum Beispiel eine kurze Eingangsszene hinzuerfunden, die im Roman nicht vorkommt. Sie zeigt Bingley und Darcy zu Pferd und verdeutlicht Bingleys Entschluß, Netherfield zu mieten. Dann schwenkt die Kamera auf Elizabeth, die etwa eine halbe Meile entfernt steht und die beiden beobachtet. Selbstverständlich weiß sie nicht, wer die beiden sind, doch als ob die galoppierenden Pferde sie dazu inspirierten, wendet sie sich um und läuft den Hügel hinab auf Longbourn zu. Von der ersten Einstellung an habe ich also versucht, dieser Lebendigkeit Ausdruck zu verleihen. Im Studio wäre dies unmöglich gewesen.

Oft werde ich gefragt, mit welchem Recht ich Szenen erfunden und in die Fernsehbearbeitung eingefügt habe, die nicht dem Roman entstammen. Ich kann darauf nur mit einer Gegenfrage antworten: Mit welchem Recht sollte man Geld für die Produktion einer Reihe von Bildern ausgeben, die nichts weiter sind als eine Illustration der Dialoge des Romans? Gefragt ist eine Interpretation des Buches. Es ist Unsinn zu behaupten, die filmische Bearbeitung eines Romans ›zerstöre‹ das Buch, wenn sie nicht in jeder Szene mit ihm identisch ist. Schließlich bleibt das Buch weiterhin zugänglich, jeder kann es lesen – und jede Lektüre ist in gewisser Weise auch eine ›Bearbeitung‹.

Das Hinzufügen der beschriebenen Eingangsszene, in der Bingley und Darcy in genau dem Moment gezeigt werden, in dem sich Bingley für Netherfield entscheidet, läßt sich dadurch rechtfertigen, daß die beiden auf diese Weise als sehr lebendige, geradezu körperliche Figuren eingeführt werden können. Auf ihren Pferden sitzend, gleichen sie jungen Tieren, und das ist eine Facette ihres Wesens. Außerdem wird aus der kurzen Eingangssequenz deutlich, daß Bingley – so wie er im Roman an späterer Stelle beschrieben wird – ein impulsiver Mensch ist, der nicht lange überlegt, bevor er seine Entscheidungen fällt. Darcy dagegen ist kritischer und sieht auf das Landleben mit Verachtung herab. Ebenso wichtig ist, daß man bereits in dieser Szene einen Eindruck davon erhält, um welche Vermögensverhältnisse es in der Geschichte geht. Wir sehen Netherfield, ein wirklich großes Anwesen, und können daraus schließen, daß jeder, der sich überlegt, es zu mieten, über eine Menge Geld verfügen muß. Gleich darauf sieht man, wie Elizabeth auf das Haus ihrer Familie zugeht, das den meisten von uns außerordentlich begehrenswert erscheinen dürfte, aber im Vergleich zu Netherfield lachhaft klein erscheint, nur etwa ein Zwanzigstel so groß. Das weist darauf hin, daß auch das Einkommen der Familie Bennet nur etwa ein Zwanzigstel von dem Vermögen derer beträgt, die ihre Töchter zu heiraten hoffen. All das läßt sich ohne den Einsatz langatmiger Dialoge vermitteln.«

ALLGEMEINE GRUNDSÄTZE DER BEARBEITUNG
Darcy und Elizabeth

»Bei der Lektüre von *Stolz und Vorurteil* stach mir vor allem ein Aspekt ins Auge, den ich auch in meiner Bearbeitung fürs Fernsehen herausarbeiten wollte: Das zentrale Motiv, das die Handlung vorantreibt, ist die sexuelle Anziehungskraft, die Elizabeth für Darcy besitzt. Dabei mag Darcy Elizabeth nicht einmal besonders, er fühlt sich von ihrer Familie abgestoßen, von den Umständen, unter denen sie lebt, von der Gewöhnlichkeit ihrer Mutter und einiger ihrer Schwestern, und er kämpft verzweifelt gegen dieses Angezogensein an. Doch ein ums andere Mal kann er dem Gespräch mit ihr nicht widerstehen, weil sie eine sprühende, geistreiche Frau ist, die sich ihm frech widersetzt, während alle anderen Frauen, denen er begegnet, ihm zu schmeicheln suchen – allen voran Miss Bingley. Unfähig, sich Elizabeths Attraktivität zu entziehen, macht er ihr einen Heiratsantrag und zeigt sich dabei von seiner arrogantesten und unangenehmsten Seite.

»Er ist ein so unangenehmer Mann, daß es ein Unglück wäre, ihm überhaupt zu gefallen«, sagt Mrs. Bennet.

An diesem Punkt der Geschichte kann sie ihn noch nicht ausstehen; daß sie sich unbewußt zu ihm hingezogen fühlt, hat sie noch nicht erkannt. Seitdem er sie auf dem Ball in Meryton hat abblitzen lassen, hält sie ihn für stolz, arrogant und unangenehm. Sie lehnt seinen Antrag ab. Ihre Worte verärgern, verwundern und verletzen ihn, doch schließlich überwindet er seine Wut und das Gefühl der Erniedrigung und bemüht sich ihr zu zeigen, daß er durchaus nett und hilfsbereit sein kann. So erkennt sie schließlich seinen wahren Charakter.

Mir ist klar, daß man in meiner Version der Geschichte den Eindruck bekommt, als handelte sie vor allem von Mr. Darcy, während der Roman doch eindeutig Elizabeth ins Zentrum rückt. Im Buch ist Darcy eine geheimnisvolle, unberechenbare Figur, deren Beweggründe wir erst gegen Ende des Romans verstehen lernen. Meine Bearbeitung des Stoffs dreht sich nicht ausschließlich um Darcy, aber indem ich deutlich mache, daß der Motor der Handlung sein Verlangen ist, habe ich den Akzent ein wenig von Elizabeth weg auf die Konfrontation des Paares Elizabeth – Darcy verschoben.«

Elizabeth hört, wie Darcy über sie urteilt: »Hübsch genug, aber nicht hübsch genug, um mich zu reizen.«

DIE FIGUR ELIZABETH

Ungeachtet der Entscheidung, Darcy mehr in den Vordergrund zu rücken, wird der größte Teil der Handlung noch immer aus der Perspektive Elizabeths geschildert. Sie ist diejenige, mit der wir uns vor allem identifizieren. Andrew Davies hatte also dafür zu sorgen, daß die Figur, die zahlreiche Leser aus dem Roman kennen und lieben, auch in der dramatisierten Form ihre Lebendigkeit erhielt.

»Die Figur Elizabeth ist im Roman derart perfekt ausgestaltet, daß man sie am besten sie selbst sein lassen sollte. Ein Aspekt lag uns sehr am Herzen, der im Buch überaus deutlich wird, den zahlreiche Kritiker und Interpreten allerdings ignorieren. Es ist die Tatsache, daß Elizabeth eine sehr aktive, lebhafte junge Frau ist, nicht nur geistig, sondern auch körperlich. Immer wieder wird im Roman beschrieben, daß sie ein Zimmer nicht gehend, sondern rennend verläßt, daß sie auf langen Spaziergängen allein draußen umherstreift und so weiter. Sie hat etwas Wildes, beinahe Zigeunerhaftes an sich, das wir vermitteln wollten.

»Drei Meilen zu Fuß zu gehen, bis über die Knöchel im Schlamm und dann noch allein, ganz allein!« (Miss Bingley)

Ich bin der Ansicht, daß es sich hierbei um verschlüsselte Hinweise Jane Austens auf die sexuelle Energie Elizabeths handelt. Darcy, der die Gesellschaft außerordentlich künstlicher Frauen gewohnt ist, fühlt sich wahrscheinlich genau davon angezogen, auch wenn dies nur unbewußt geschehen mag. In Elizabeth begegnet ihm eine natürliche Frau, die umherrennt, sich schmutzige Schuhe holt und ausspricht, was sie denkt. Sie steht für sich selbst ein. Und das fasziniert ihn ganz einfach! Als sie nach einem Fußmarsch in Netherfield eintrifft, bemerkt Miss Bingley konsterniert: ›Ich werde nie vergessen, in welcher Verfassung sie heute morgen hier erschien. Wie eine Wilde!‹ Doch die Männer reagieren anders. Bingley sagt, ›Ich fand, Miss Elisabeth Bennet sah bewundernswert gut aus‹, während Darcy bemerkt, ihre Augen ›leuchteten geradezu von der frischen Luft‹«.

SZENEN »HINTER DEN KULISSEN«

»Jane Austen ist bekannt dafür, daß in ihren Romanen keine einzige Szene geschildert wird, bei der ein junges Mädchen nicht hätte anwesend sein können. Folglich wird man auch vergeblich nach Gesprächen unter Männern suchen. Die meisten Dialoge finden sozusagen »auf offener Bühne« statt, korrekt gekleidet und in der »Kulisse« eines gesellschaftlichen Anlasses. In *Stolz und Vorurteil* gibt es ein paar vertrauliche Gespräche zwischen Jane und Elizabeth in ihren Zimmern, doch sie bilden eher die Ausnahme als die Regel.

»Ihre Augen leuchteten geradezu von der frischen Luft« (Darcy).

In meiner Bearbeitung nahm ich mir die Freiheit, auch hinter die Kulissen zu schauen. Teils, weil ich die Figuren als wirkliche Menschen zeigen wollte, die über einen Körper verfügen und sich ankleiden müssen. Im Grunde genommen haben die Bennet-Mädchen nichts, was sie auf den Heiratsmarkt mitbringen, als ihre Gesichter und Körper. Folglich sehen wir, wie sie sich anziehen, sich gegenseitig Kleider ausborgen und versuchen, sich in diesem Kampf, einen Ehemann zu finden, so vorteilhaft wie möglich zu präsentieren. Das ist der Grund für die zahlreichen kleinen privaten Szenen.

Zudem wollte ich vor allem Darcy und Bingley in derartigen Szenen zeigen. In nahezu allen Jane-Austen-Verfilmungen, die ich gesehen habe, machen die Figuren einen furchtbar steifen und zugeknöpften Eindruck. Man bekommt nicht den Eindruck von Menschen vermittelt, die leben, atmen und in ihrem Innersten Gefühle haben. Also fragte ich mich, was sie wohl in der Zeit tun mögen, in der wir sie nicht auf der gesellschaftlichen Bühne agieren sehen. Daher entschied ich mich, sie beim Reiten, Schießen und Fechten zu zeigen. Die Einstellung, in der Darcy schwimmen geht, ist vor allem dadurch motiviert, daß ich in ihm auch ein normales menschliches Wesen zeigen wollte.«

Darcy beim Fechten.

Die Schwimmszene in Pemberley ist ein gutes Beispiel dafür, daß das visuelle Erzählen genauso viel über eine Figur mitteilen kann wie eine literarische Beschreibung, wenn auch mit anderen Mitteln. Während ihrer Besichtigung des Anwesens von Pemberley führt die Haushälterin Elizabeth und die Gardiners auch in eine Galerie, in der Elizabeth ein Porträt von Darcy entdeckt. Lange bleibt sie davor stehen und starrt es in dem Versuch an, den auf dem Gemälde den Regeln der Etikette gehorchenden und dennoch lächelnden Darcy in Einklang mit dem Bild zu bringen, das sie sich von ihm gemacht hat. Es folgt ein Schnitt und wir sehen Darcy, wie er gerade auf Pemberley zureitet. Aus der Distanz sieht er so steif und formell aus wie immer. Doch dann kommt die Kamera näher, und wir sehen, daß er schmutzig und verschwitzt ist und die körperliche Anstrengung ihn außer Atem gebracht hat. Er reitet zum See und beschließt, schwimmen zu gehen – »ein kurzes Ausblenden der Pflicht und des Tumults seiner gequälten und verzweifelten Gefühle«, schreibt Andrew in der Regieanweisung. Wir folgen Darcy unter Wasser – eine Szene, die man für überflüssig halten mag. Doch auch sie dient der visuellen Vermittlung einer weiteren Facette Darcys, der »sich in diesem anderen Element bewegt, ein natürlicher Mensch, befreit von den Fallstricken der Kultur«. Diese kurze, nur wenige Augenblicke dauernde Szene macht deutlich, daß Darcy, hinter der Fassade der Verantwortung, die auf ihm als Besitzer von Pemberley lastet, ein junger, fühlender Mann ist. Dadurch, daß der Einstellung, in der Elizabeth das Porträt anstarrt, diese Szene eines Darcy aus Fleisch und Blut entgegengesetzt wird, wird bereits angedeutet, daß Darcy im Verlauf der Handlung noch verschiedene Gesichter offenbaren wird. Wie Elizabeth selbst zu Darcy auf dem Ball in Netherfield sagt: »Ich höre so verschiedene Berichte von Ihnen, daß ich ganz ratlos bin.«

Darcy springt in den See: »Ein kurzer Moment der Pflichtvergessenheit.«

Auch der Zuschauer macht sich ein Bild von Darcy. Dabei bekommt er allerdings Einblicke, die Elizabeth verwehrt sind und die dazu führen, daß er sich noch weiter mit der Geschichte identifiziert. »Ich wollte, daß die Zuschauer schon recht bald erkennen, daß Darcy mehr und anders ist als das, was Elizabeth in ihm sieht«, sagt Andrew. »Manche mögen kritisieren, daß damit zu viel im voraus verraten wird, aber ich bin der Ansicht, daß das Potential, das einem damit gegeben wird, diesen Verlust wettmacht. Zumindest scheint es mir eine interessante Interpretation des Romans zu sein. Und selbstverständlich haben wir darauf geachtet, nicht zu viel zu verraten.«

Zudem erklären diese Szenen die Verwandlung Darcys, der sich uns zu Beginn als stolz und arrogant präsentiert und den wir am Ende der Geschichte als rücksichtsvoll und liebend neu kennenlernen. Dieser scheinbar plötzliche

Charakterumschwung, der unter Kritikern und Liebhabern des Romans für zahlreiche Diskussionen gesorgt hat, stellt den Schauspieler der Figur vor besondere Schwierigkeiten (vgl. den Bericht von Colin Firth über seine Rolle in Kapitel 9). Daher war es entscheidend, bereits bei der Erstellung des Drehbuchs Momente einzufügen, die einen Brückenschlag zwischen den so extremen Bildern von Darcy ermöglichen.

DER AUSBAU VON ROMANSZENEN: DAS FEST IN MERYTON

Während des Festes in Meryton lernt die Familie Bennet die Gesellschaft kennen, die sich auf Netherfield aufhält. Bei dieser Gelegenheit sehen sich Jane und Bingley zum ersten Mal, und Darcy sorgt durch sein Auftreten dafür, daß die Bewohner Merytons und vor allem Elizabeth, mit der zu tanzen er ablehnt, ihn als stolz und unangenehm abstempeln. Dennoch widmet Jane Austen diesem entscheidenden Ereignis im Roman lediglich drei Seiten. Die einzige Passage mit wörtlicher Rede in diesem Abschnitt ist ein kurzer Dialog zwischen Darcy und Bingley. Bei der Arbeit am Drehbuch wurde schon bald deutlich, daß dieses Ereignis entscheidend für den Aufbau der Geschichte sein würde, und so kam der Entschluß zustande, die Szene in der Bearbeitung erheblich auszubauen.

»Komm, Darcy, ich muß dich zum Tanzen bringen. Ich mag dich gar nicht so allein herumstehen sehen.«

Vom dramaturgischen Standpunkt aus war sie ideal, um neue Charaktere einzuführen und die Beziehungen zwischen den Personen, die der Zuschauer bereits kennt, zu verdeutlichen. Als Bingley Mrs. Bennet vorgestellt wird, macht sie ihn auf ihre Töchter aufmerksam. Wir sehen Jane und Elizabeth, die sich wohlgesittet amüsieren, wir sehen Mary, die von niemandem zum Tanzen aufgefordert wird und zum Mauerblümchen bestimmt zu sein scheint, und wir sehen Lydia und Kitty, die mit anderen jungen Leuten, dem »Jugendclub«, wie Andrew sie nennt, herumtollen.

Wir begegnen der zweiten bekannten Familie der Gegend, den Lucas. Es wird deutlich, daß Charlotte Lucas die beste Freundin von Elizabeth ist. Ihr Vater, Sir William, präsentiert sich als liebenswerter Possenreißer. Indem er als erster die Bewohner Netherfields begrüßt, wird uns außerdem zu verstehen gegeben, daß er innerhalb der Gesellschaft von Meryton eine führende Rolle innehat.

»Ein Junggeselle mit einem großen Vermögen ... Wie herrlich für unsere Mädel!«

Darüber hinaus hatte Andrew mit dieser Episode ein ausgelassenes Fest vor Augen, bei dem mit Enthusiasmus, aber nicht sonderlich gekonnt getanzt wird und die Männer reichlich Alkohol trinken und derbe Witze erzählen. »Wir wollten den Unterschied zwischen einem eher einfachen ›Dorftanz‹ zeigen und einem höchst offiziellen Ball, wie er in der zweiten Folge in Netherfield zu sehen ist. Der Grundgedanke war, die jeweils unterschiedlichen Umgangsformen einander gegenüberzustellen.«

Auch visuell wird auf die bestehenden Klassenunterschiede hingewiesen. Die Garderobe der Schwestern Bingleys ist aus farbenprächtigen und kostbaren Stoffen, während die Bennet-Mädchen einfache Musselinkleider tragen. Zudem sehen wir sie zu keinem Zeitpunkt mit einem Mann aus Meryton tanzen, was den Schluß nahelegt, daß sie sich allen Anwesenden gesellschaftlich überlegen fühlen. Und durch Mrs. Bennet, die den ganzen Abend damit beschäftigt ist, heiratsfähige Männer für ihre Töchter zu finden, erfahren wir schließlich von Darcys beträchtlichem Reichtum und seiner gesellschaftlichen Stellung.

DIE DRAMATURGISCHE UMSETZUNG DER BRIEFE

Briefe spielen in *Stolz und Vorurteil* eine überaus wichtige Rolle, vor allem in der zweiten Hälfte des Buches, wo in ihnen entscheidende und komplexe Informationen vermittelt werden. Vom dramaturgischen Standpunkt aus ist es für den Zuschauer allerdings wenig spannend, eine Briefe schreibende oder lesende Person zu sehen, selbst wenn die Information, die der Brief enthält, für den Fortgang der Geschichte unerläßlich ist. Daher sah sich Andrew vor die Aufgabe gestellt, die Briefe des Romans so überzeugend wie möglich zu visualisieren.

»Ich mußte die ganze Bandbreite der Möglichkeiten ausschöpfen, Stimmen aus dem Off einsetzen, Rückblenden, Figuren, die sich hinsetzen und einen Brief lesen, Charaktere, die sich Briefe gegenseitig vorlesen, Kommentare aus dem Off und so weiter.

Elizabeth und Charlotte warten beim Fest in Meryton darauf, daß jemand sie zum Tanzen auffordert.

Beispielsweise sitzt im Roman Mr. Bennet am Eßtisch und liest einen Brief von Mr. Collins vor, in dem er seinen Besuch in Longbourn ankündigt. Zwei Wochen später trifft Collins dann tatsächlich ein. Ich habe diese Episode nun so umgearbeitet, daß anfangs Mr. Bennet den Brief vorliest. Dann sehen wir Mr. Collins aus seiner Kirche treten, wobei man zugleich einen Eindruck von der Bigotterie und Eitelkeit des Pfarrers gewinnt. Nun ist es die Stimme von Mr. Collins, die den Brief weiterliest, und wir sehen, wie er sich auf die Reise begibt, wobei er sein Gefährt in lächerlicher Detailversessenheit bis zur letzten Einzelheit beschreibt. Und schließlich sehen wir nach einem Schnitt, wie er umständlich und schwerfällig aus der Kutsche klettert. All das passiert, während Mr. Collins' Brief, oder besser gesagt eine gekürzte Version des Briefes, verlesen wird.«

Sir William Lucas führt die Besucher aus Netherfield in die Gesellschaft von Meryton ein.

Diese Sequenz demonstriert nicht nur, wie sich ein Brief filmisch realisieren läßt, sie erwies sich auch als nützlich zur Einführung neuer Charaktere. Wir sehen die Ehrfurcht gebietende Lady Catherine, die später noch eine entscheidende Rolle spielen wird, und ihre kränkelnde Tochter Anne. Außerdem erhalten wir einen ersten flüchtigen Blick auf Collins' Pfarrgemeinde. Die Art und Weise, wie er um Lady Catherine herumscharwänzelt, während er seinen Diener ziemlich grob behandelt, vermittelt uns einen Eindruck von seinem Charakter, bevor er noch in Longbourn angekommen ist.

Die Gesellschaft aus Netherfield betritt den Festsaal von Meryton.

Oben: »Mr. Bingley hielt Jane sogar für schön, und er tanzte zweimal mit ihr!«

Oben rechts: Miss Bingley beeindruckt Meryton durch ihr elegantes Auftreten.

Die dramaturgische Umsetzung von Briefen bietet auch Raum für ein gewisses Maß an Ironie. Wenn Jane, die von niemandem schlecht denken kann, an Elizabeth über ihren Besuch bei Miss Bingley in London schreibt, berichtet sie ganz sachlich: »Ich freute mich sehr darauf, Caroline wiederzusehen, und ich glaube, auch sie war glücklich, mich zu sehen, jedoch nicht allerbester Dinge«. Wir bekommen allerdings zu sehen, wie die beiden Schwestern sie nur kühl begrüßen und sich Mühe geben, sie so schnell wie möglich wieder hinauszukomplimentieren. Der Verdacht des Zuschauers bestätigt sich, wenn er die Beschreibung hört, die Jane von Miss Bingleys versprochenem Gegenbesuch einige Wochen später abliefert. Wir sehen ihre Kutsche, die vor dem Haus der Gardiners in Cheapside vorfährt, und wie sie, die Nase hoch erhoben, aussteigt. »Miss Bingley besucht die Slums«, schreibt Andrew in seiner Regieanweisung.

DARCYS BRIEF AN ELIZABETH

Der bei weitem längste und wichtigste Brief des Romans ist der, den Darcy an Elizabeth schreibt, nachdem sie seinen ersten Heiratsantrag abgelehnt hat. Darin rechtfertigt er sich dafür, daß er Bingleys Zuneigung zu Jane zu unterbinden versucht. Und er schildert seine langjährigen und schmerzhaften Erfahrungen mit George Wickham. Sein Bericht ist derart überzeugend und detailliert, daß Elizabeth sich schließlich gezwungen sieht, ihm Glauben zu schenken. Sie muß der erniedrigenden Tatsache ins Gesicht sehen, daß sie sich von Wickham hat täuschen lassen.

Bei Jane Austen heißt es, Darcy überreichte Elizabeth einen Umschlag, der »zwei mit kleiner Schrift bedeckte Briefbogen« enthielt. »Sogar der Umschlag war beschrieben.« Im Roman erstreckt sich dieser Brief über sechs volle Druckseiten. Nach Vorgabe des Drehbuchs, in dem Andrew Davies die Gelegenheit nutzte, die filmischen Möglichkeiten des Briefs voll auszuschöpfen, füllt er – obwohl bereits gekürzt – die ersten zwanzig Minuten der vierten Folge aus.

Elizabeth erhält einen Brief von Jane mit Neuigkeiten aus Longbourn.

Ganz oben: Mr. Bennet erfährt von Mr. Collins Absicht, die Familie zu besuchen.

Oben: Mr. Collins' Ankunft in Longbourn.

Links: Mr. Collins macht seiner großmütigen Gönnerin, der vornehmen Lady Catherine de Bourgh, die Aufwartung.

Zur visuellen Übersetzung dieses Briefs verwendete Andrew eine komplexe Folge von Rückblenden und erfundenen Szenen. Zunächst dienen sie dazu, die von Darcy beschriebenen Ereignisse der Vergangenheit in Bilder umzusetzen: die gemeinsam verbrachte Kindheit, die Studienzeit in Cambridge und schließlich die Entdeckung der Beziehung zwischen Wickham und Darcys Schwester Georgiana. Sowohl Elizabeth als auch die Zuschauer müssen diese Schilderung für glaubwürdig halten.

Darüber hinaus enthält der Brief aber auch die Erinnerung an Ereignisse, bei denen sowohl Darcy als auch Elizabeth zugegen waren – wie etwa der Ball in Netherfield – und die Elizabeth dazu zwingen, das peinliche Verhalten ihrer Familie mit den Augen Darcys zu sehen. Daher schrieb Andrew einige Rückblenden, um das erniedrigende Schauspiel überspitzt darzustellen, in dem beispielsweise Mrs. Bennet mit lauter Stimme Lady Lucas verkündet, daß »Janes gute Heirat« ihren jüngeren Töchtern »andere reiche Männer näher bringen« würde. Diese Szene wird begleitet von Darcys verheerendem Kommentar: »... die Herkunft Ihrer Mutter war zwar ein gewichtiger Umstand, aber es bedeutete nichts im Vergleich zu dem vollkommenen Mangel an Taktgefühl, den diese so häufig und gleichförmig bewies wie Ihre drei jüngeren Schwestern und gelegentlich sogar Ihr Vater.« Wiederum muß Elizabeth zugeben, daß Darcy mit seiner Kritik nicht vollkommen falsch liegt.

Darcy schreibt einen Brief an Elizabeth, den er ihr am nächsten Morgen überreicht: »Wollen Sie mir die Ehre erweisen, diesen Brief zu lesen?«

Miss Bingley und Mrs. Hurst sind über Janes Besuch in London wenig erfreut.

Doch ganz vermag der Brief Elizabeth nicht zu überzeugen. Es gibt Momente, in denen sie sich Ereignisse ausmalt, auf die Darcy anspielt, deren Zeuge sie selbst aber nicht war. In ihrer Vorstellung erscheinen diese Ereignisse grotesk übertrieben, da sie überzeugt davon ist, daß Darcy nicht so gut ist, wie er sich selbst darstellt. So liest sie zum Beispiel, daß Darcy Bingley nach London gefolgt ist, um hinsichtlich der Hochzeit mit Jane »meinem Freund die sicheren Nachteile seiner Wahl darzulegen«. Aus Andrews Regieanweisungen geht hervor, daß Elizabeth sich dabei das Schlimmste ausmalt.

Zudem wurde beschlossen, die im Brief geschilderten Ereignisse umzustellen und mit dem Bericht über Mr. Wickham zu beginnen. Andrew ging davon aus, daß Darcy den Brief nachts schreibt. Um die Dramatik zu steigern, sollten der nächtlichen Kulisse die Rückblenden auf Wickham gegenübergestellt werden, da Darcy sich mit diesem Teil des Briefs am meisten quält. Wir sehen, wie sehr die Erinnerung Darcy schmerzt, was seine Enthüllungen über Wickham nur noch glaubwürdiger macht.

»Ich stellte mir vor, daß Darcys ursprüngliche Motivation, diesen Brief zu schreiben, in seiner Wut zu liegen scheint, die sich aber allmählich legt und einem anderen Gefühl weicht – er erträgt es nicht, von Elizabeth falsch beurteilt zu werden. Wir sehen also Darcy, wie er Stunden braucht, um diesen Brief zu schreiben. Bis spät in die Nacht sitzt er in seinem Zimmer und bringt die Geschichte seiner Beziehung zu Mr. Wickham zu Papier.

Um diesen Vorgang filmisch deutlich zu machen, habe ich eine Reihe von Rückblenden eingebaut, die sowohl die gemeinsam verbrachte Kindheit als auch die Zeit auf der Universität beleuchten. Schließlich habe ich noch einen Vorfall aufgegriffen, auf den im Roman nur sehr versteckt angespielt wird, der aber entscheidend ist für den Charakter Darcys. Er erklärt, warum er so geworden ist, wie er ist, warum er anderen Menschen gegenüber derart zurückhaltend und feindselig reagiert. Dabei geht es darum, daß Darcys fünfzehnjährige Schwester Georgiana, der er quasi den Vater ersetzt, von Wickham mehr oder weniger verführt wurde. Die beiden hatten bereits alle Vorkehrungen getroffen, um gemeinsam durchzubrennen, was Georgianas gesellschaftlichen Ruin bedeutet hätte. Doch im ›letzten Moment‹, wie er an Elizabeth schreibt, konnte Darcy dies noch verhindern.

Ich beschloß, diese Episode in einer Rückblende zu zeigen. Angesichts des unschuldigen jungen Mädchens muß der Zuschauer Wickham nun in einem vollkommen anderen Licht sehen. Wir werden Zeuge seiner Furcht vor Darcy, von dem er sich bezahlen und aus dem Haus werfen läßt. All das wird in einer rasch ablaufenden Folge von Bildern gezeigt. Im Roman scheint Georgiana kaum eine Rolle zu spielen, doch ich glaube, durch diese Rückblenden wird sie uns im Gedächtnis haften bleiben. Und wir merken, daß Darcy ein sehr fürsorglicher Bruder ist, der sich vorwirft, nicht genug auf seine Schwester aufgepaßt zu haben. Darüber hinaus macht diese Episode auch deutlich, welch hohe Meinung Darcy von Elizabeth hat. Er ist bereit, ihr diese sehr persönliche und schmerzhafte Erinnerung zu enthüllen, weil er von ihr verstanden werden will, und hält sie für so diskret, daß sie sein Geheimnis nicht ausplaudern wird. Er vertraut ihr.

Danach folgt ein Schnitt, es ist Morgen und Darcy übergibt Elizabeth sei-

Mrs. Bennets lautstarkes Gerede auf dem Ball in Netherfield ist Elizabeth peinlich.

nen Brief. Wir sehen, wie sie ihn liest, und währenddessen hört man die Stimme Darcys. Er erklärt, warum er seinem Freund Bingley ausredete, die Heiratspläne mit Jane weiterzuverfolgen. Dann stellt er seine Sicht der Ereignisse in Netherfield dar und beschreibt, warum er nicht glaubt, daß Jane tatsächlich in Bingley verliebt ist. Der Zuschauer beginnt, Darcys Standpunkt zu verstehen. Doch dann fährt die Kamera noch einmal dichter an Jane heran, und uns wird deutlich, daß Darcy sich täuscht.

Schließlich kommt Darcy auf das in der Tat recht unmögliche Benehmen der Familie Bennet zu sprechen, und Elizabeth läßt vor ihrem inneren Auge einige Szenen Revue passieren, die in ihrer Erinnerung groteske Formen annehmen. Sie kommt zu dem Schluß, daß sie es Mr. Darcy kaum übelnehmen kann, wenn er mit diesen furchtbaren Leuten nichts zu tun haben will!

Auf diese Weise erhält die Szenenfolge durchaus auch komische Momente, obgleich sie eher ernst angelegt ist. So wie es Darcy Schmerzen bereitet, den Brief zu schreiben, quält es auch Elizabeth, ihn zu lesen. Und während sie das Ausmaß seiner Bedeutung zu begreifen beginnt, denkt sie noch immer: ›Nun, ich mag Mr. Darcy nicht besonders, aber ich werde zugeben müssen, daß er in manchen Punkten Recht hat, daß sein Benehmen nicht vollkommen unbegründet ist.‹«

Darcy versucht, Bingley die »sicheren Nachteile« vor Augen zu halten, die eine Heirat mit Jane mit sich bringen würden. Bingley, »von Natur sehr bescheiden«, läßt sich leicht überzeugen.

LYDIAS UND WICKHAMS FLUCHT

Der Roman läßt keinen Zweifel daran, daß Lydias Flucht nicht nur ihren eigenen gesellschaftlichen Ruin bedeutet, sondern damit auch Jane oder Elizabeth die Möglichkeit auf eine lukrative oder wenigstens respektable Heirat genommen wird. Den Zeitgenossen Jane Austens waren die Folgen einer solchen Flucht bewußt, doch beim heutigen Leser oder Zuschauer kann davon nicht unbedingt ausgegangen werden. Folglich wurde in der Verfilmung ein Kommentar Elizabeths hinzugefügt, der so nicht im Roman steht: »Unsere ganze Familie wird unter ihrem Fall und der Schande zu leiden haben«. Wir hielten es daher für sinnvoll, dem Zuschauer ein paar Informationen über Wickhams und Lydias Situation nach ihrer Ankunft in London zu vermitteln. Dem wurden Szenen gegenübergestellt, in denen die Familie Bennet in Longbourn verzweifelt auf Nachricht von Lydia wartet.

»Ich hielt dies für eine der zulässigen Freiheiten, die wir uns in der Bearbeitung des Romans erlauben durften – zu sehen, wie es dem ›armen, entehrten Mädchen‹ geht. Einen Hinweis darauf gibt ihr Verhalten, als sie nach ihrer Heirat nach Longbourn zurückkehrt. Sie ist alles andere als demütig und zahm. Ich schrieb eine Szene, in der Mrs. Bennet jammert: »Oh, mein armes Mädchen, meine arme Lydia!« Darauf folgt ein Schnitt und der Szenenwechsel nach London. Man sieht, daß Lydia nicht im mindesten unglücklich aussieht. Eher scheint sie gelangweilt zu sein und sich zu wünschen, sie und Wickham würden mehr unternehmen. Doch zugleich ist sie stolz, sich diesen Mann geangelt zu haben, und kann nichts Falsches an ihrem Handeln entdecken.

Wickham folgt Georgiana nach Ramsgate, um mit ihr durchzubrennen, doch Darcy kann sie im letzten Moment noch aufhalten.

Lydia und Wickham brennen durch: »Die Überraschung wird nur um so größer sein, wenn ich ihnen schreibe und den Brief mit *Lydia Wickham* unterzeichne. Das wird ein Spaß!«

Wickham fängt langsam an, die Flucht zu bereuen.

DARCY ALS »RACHEENGEL«

Ein weiterer Vorteil der eingefügten Szenenfolge mit Lydia und Wickham in London liegt darin, daß sich dadurch die Möglichkeit bot, Darcys Schlüsselrolle bei der Heirat der beiden zu verdeutlichen. »Indem ich dem Zuschauer nahelege, daß Darcy die Funktion des Racheengels übernimmt, ging ich natürlich ein Risiko ein. Im Roman erfährt der Leser erst gegen Ende, daß Darcy sich eingeschaltet hat, um alles wieder ins Lot zu bringen. Und er erfährt es wiederum durch einen Brief, diesmal von Mrs. Gardiner. Doch wir waren der Ansicht, daß der Erzählfluß unnötig aufgehalten würde, wenn wir kurz vor dem Höhepunkt der Geschichte auf einen weiteren Brief eingehen müßten.

Noch dazu reizte mich die Vorstellung, daß Darcy sich auf eine heroische Reise macht, wie die Helden der Märchen und Volkssagen. Seiner Entscheidung, aus Liebe zu Elizabeth den Mann aufzuspüren, dem es beinahe gelungen wäre, seine Schwester zu ruinieren, haftet etwas Heroisches an. In meinen Augen ist das eine herrliche Episode – der Rächer ist dem Unhold auf der Spur. Wir sehen ihn, wie er auf der Suche nach Wickham durch London streift. Ich hielt es für angebracht, Darcy auch einmal als handelnden Menschen, als einen Mann der Tat zu zeigen, der er tatsächlich auch ist, selbst wenn dies im Roman nicht explizit ausgeführt wird. Ich wollte ihn zeigen, wie er sich einmischt, ich wollte zeigen, daß er jemand ist, der etwas bewirken und verändern kann. Es gab zahlreiche Diskussionen darüber, wie weit man dabei gehen sollte. Doch ich glaube, das Risiko hat sich gelohnt.«

DIALOGE

»Jane Austen hat wunderbar dramatische Dialoge geschrieben, folglich habe ich sie nur äußerst ungern gekürzt. Doch an manchen Stellen ließ sich das nicht umgehen. Und zwar nicht nur, weil uns durch die vorgegebene Sendedauer für jede Folge Grenzen gesetzt waren. Entscheidender ist, daß sich in der Art und Weise, wie sich die einzelnen Szenen ineinander fügen, eine beinahe musikalische Qualität, ein idealer Rhythmus, ein Tempo entwickeln kann, das von zu starker Dialoglastigkeit zerstört würde. Und weil man im Film so vieles über Bilder mitteilen kann, zum Beispiel über einen Gesichtsausdruck, braucht man nicht so viele Worte wie in einem Roman.

Generell habe ich die Bearbeitung der Dialoge von der jeweiligen Figur abhängig gemacht. Im Fall des Mr. Collins zum Beispiel, einer aufgeblasenen, pedantischen Figur, habe ich den Text nahezu wörtlich aus dem Roman übernommen. Ich bin der Überzeugung, daß Jane Austen genauso wenig wie andere Autoren vollkommen realistische Dialoge schreibt. Vielmehr finden wir in Romanen Dialoge, die dem tatsächlichen Sprechen zwar ähneln, zugleich aber eleganter und pointierter sind. Meiner Meinung nach würden beispielsweise die meisten Figuren aus *Stolz und Vorurteil*, vor allem aber die Bennet-

Schwestern, im normalen Gespräch untereinander eher »ins Haus« als »in das Haus« sagen. Ich wollte, daß die Sprache so klingt, als ob sie durchaus in das frühe 19. Jahrhundert gehört, gleichzeitig aber dem Zuschauer von heute nicht allzu fremd und künstlich erscheint. An manchen Stellen im Roman hört sich Elizabeth für meinen Geschmack ein wenig zu gestelzt an, aber das war für mich kein Anlaß, weite Dialogpassagen umzuschreiben. Hier oder da habe ich ein einzelnes Wort ersetzt, wenn ich der Ansicht war, dadurch größere Verständlichkeit zu erreichen. Doch wesentlich mehr wurde nicht verändert.«

Darcy als »Racheengel«.

DER KAMPF MIT DEM TEXT

Jennifer Ehle:
»Das war der schwierigste Text, den ich je zu lernen hatte. Shakespeare ist ein Kinderspiel dagegen. Ich glaube, das liegt vor allem daran, daß die Bedeutung immer erst am Ende der Sätze klar wird, die im übrigen außerordentlich lang sind. Wenn ich einen Satz ganz durchgelesen habe, denke ich: ›Ach, so ist das gemeint‹. Dann gehe ich an den Anfang zurück und lese ihn noch einmal von vorn. Manche Gedankengänge sind sehr verschachtelt, und ich brauchte eine ganze Weile, mich daran zu gewöhnen. Doch es erging mir so wie immer – nach einer gewissen Zeit fiel mir das Textlernen wesentlich leichter. In gewisser Weise ist es so, als ob man eine Fremdsprache lernt.«

Alison Steadman:
»Ich habe nicht gerade viele klassische Rollen gespielt, und deshalb fand ich die Sprache Jane Austens am Anfang außerordentlich schwierig. Man glaubt, seinen Text gelernt zu haben, doch soll man ihn dann sprechen, kommen einige Wendungen völlig verdreht heraus. Weil wir heutzutage so vollkommen anders sprechen, war ich immer drauf und dran, moderne Formulierungen einfließen zu lassen. Zu Anfang war das ein Alptraum. Ich hatte den Eindruck, als ob ich diesen Text nie in den Griff bekommen würde. Außerdem hielt ich mich für die einzige mit diesem Problem. Doch dann stellte sich heraus, daß die anderen die gleichen Schwierigkeiten hatten. Aber wenn man seine Furcht vor dem Text erst einmal überwunden hat und ein Gespür für den Rhythmus und die Sprachmuster bekommt, läuft plötzlich alles wie von selbst.«

Kapitel 2

Pre-Production

Nachdem die Drehbücher für die einzelnen Folgen geschrieben waren und die BBC das Startsignal gegeben hatte, konnte die Produzentin daran gehen, Mitglieder für das Produktionsteam zu engagieren. Die wohl wichtigste Figur unter ihnen ist der Regisseur. Während der Vorbereitung der eigentlichen Produktion, der sogenannten »Pre-Production«, werden alle Einzelheiten der Dreharbeiten, von der Suche nach geeigneten Drehorten, über die Besetzung und Budgetierung, bis hin zu dem genauen Tagesablauf bis ins letzte Detail geplant.

REGISSEUR SIMON LANGTON: ERSTE EINDRÜCKE

»Die Aussicht auf sechs Stunden kompakte Lektüre eines Drehbuchs ist nicht gerade ermutigend, vor allem, wenn man sich auf die Sprache konzentrieren will. Doch die Charaktere begeisterten mich, so daß ich mich nicht eine Minute gelangweilt habe. Andrews Dialoge waren unglaublich dynamisch, es war ihm gelungen, die Figuren real erscheinen zu lassen. Die ersten, die dies erkennen sollten, waren natürlich die Schauspieler. Mich überraschte dieses Drehbuch. Ich hatte erwartet, daß es archaischer und literarischer daherkommen würde, ähnlich wie die vorangegangenen Verfilmungen, die mir nie sonderlich naturalistisch erschienen.«

Simon Langton und Lucy Scott

Ein weiteres wichtiges Argument für Simons Entscheidung, bei der Serie Regie zu führen, war die Tatsache, daß nicht mit Video und im Studio, sondern mit Filmmaterial gearbeitet werden sollte.

»Ich finde, die Wirkung des Films ist authentischer, und bin überzeugt, daß sie dem nahekommt, was Andrew sich vorgestellt hatte. Die Drehbücher verraten eindeutig einen Sinn für filmischen Rhythmus. Film ist zwar teurer als eine Videoaufnahme im Studio, aber auch für die Schauspieler überzeugender.«

Während der Vorbereitung fallen dem Regisseur vor allem zwei Aufgaben zu. Zum einen muß er Entscheidungen über die Drehorte fällen, die der Produktionsdesigner und der Location Manager aussuchen und ihm vorschlagen. Und zum anderen muß er sich der Besetzung der Rollen widmen.

CASTING

Die Besetzung aller Rollen der Serie, das sogenannte Casting, war eine immense Aufgabe. Obwohl für gewöhnlich Regisseur und Produzent eigene Vorstellungen einbringen, ist es unabdingbar, noch jemanden zu haben, der den Überblick über den langwierigen Prozeß der Rollenbesetzung behält.

JANEY FOTHERGILL ÜBER DIE BESETZUNG

»Ich kenne den Roman sehr gut – nicht zuletzt, weil er Teil meiner Abschlußprüfung in der Schule war! Außerdem mag ich Jane Austen. Es ist phantastisch, wenn man an etwas arbeitet, das einem wirklich gefällt, weil man dann nicht nur mit dem Verstand, sondern auch mit dem Herzen bei der Sache ist. Andererseits kann es sich allerdings auch nachteilig für die Besetzung auswirken, wenn man ein Buch so genau kennt und von jeder Figur schon eine genaue Vorstellung hat. Jeder, der *Stolz und Vorurteil* liest, hat bereits ein Bild von Elizabeth und Darcy im Kopf, und es ist unmöglich, den Erwartungen aller Leser zu entsprechen. Der erste Schritt für mich besteht daher darin, mich mit dem Regisseur und dem Produzenten über eine gemeinsame Grundvorstellung zu verständigen.

Als nächstes erstellt man eine Liste mit den Namen all derer, die man für eine Rolle in Erwägung zieht. Wir begannen mit Elizabeth und Darcy und wandten uns dann der Besetzung der restlichen Bennet-Familie zu. In meinen Augen hat Darcy beinahe etwas klischeehaftes. Er entspricht in gewisser Weise dem Typus des arroganten, schwierigen und unverschämten Helden, der unter seiner rauhen Schale außerordentlich charmant und sensibel ist und – das ist das wichtigste – auch noch reich.

Die Besetzung der Bennet-Schwestern war vor allem wegen des Alters der Mädchen problematisch, das von fünfzehn bis zweiundzwanzig reicht. Obendrein ist keine dieser Rollen unbedeutend, im Gegenteil, drei von ihnen – Elizabeth, Jane und Lydia – sind Hauptrollen. Es ist außerordentlich schwierig, Schauspielerinnen zu finden, die einerseits jung genug sind, andererseits aber über genug Erfahrung verfügen und idealerweise schon einmal in ernsten Rollen hervorgetreten sind. Da es in *Stolz und Vorurteil* noch eine ganze Reihe weiterer Rollen für junge Frauen gibt, beschlossen wir, uns praktisch alle verfügbaren Schauspielerinnen im Alter zwischen fünfzehn und achtundzwanzig anzusehen! Für die Rolle der Elizabeth blieb am Ende nur etwa ein Dutzend Kandidatinnen übrig, die ernsthaft in Frage kamen.

Das zweite große Problem für das Casting bei *Stolz und Vorurteil* war, daß wir nach Schauspielern suchten, die geistreich und schlagfertig sind. Das ist ein Punkt, der mir besonders am Herzen liegt. Wenn ein Schauspieler nicht über diese gewisse Leichtigkeit verfügt, kann das Zuschauen zur nicht enden wollenden Qual werden. Wir suchten also nach Witz, Charme und Charisma und gleichzeitig nach der Fähigkeit, die Zeit des frühen 19. Jahrhunderts »spielen« zu können. Es gibt Menschen, die dazu einfach nicht in der Lage sind, alles an ihnen ist zu modern. Das ist eine Sache, die sich nur schwer erklären läßt. Es gibt eine Menge guter Schauspieler und Schauspielerinnen, aber vielen merkt man das 20. Jahrhundert einfach an, sie bewegen sich nicht mit der für

Colin Firth

Die Bennet-Mädchen

Stolz und Vorurteil

Jennifer Ehle
(Elizabeth Bennet)

Susannah Harker
(Jane Bennet)

Julia Sawalha
(Lydia Bennet)

Polly Maberly
(Kitty Bennet)

Lucy Briers
(Mary Bennet)

Alison Steadman
(Mrs Bennet)

Benjamin Whitrow
(Mr Bennet)

Joanna David
(Mrs Gardiner)

Tim Wylton
(Mr Gardiner)

Adrian Lukis
(Wickham)

Colin Firth
(Darcy)

Emilia Fox
(Georgiana Darcy)

Crispin Bonham-Carter
(Bingley)

Anna Chancellor
(Miss Bingley)

Lucy Robinson
(Mrs Hurst)

David Bamber
(Mr Collins)

Barbara Leigh-Hunt
(Lady Catherine de Bourgh)

Christopher Benjamin
(Sir William Lucas)

Lucy Scott
(Charlotte Lucas)

Rupert Vansittart
(Mr Hurst)

diese Periode nötigen Anmut. Ich glaube, daß man dieses »gewisse etwas« jemandem genauso wenig beibringen kann wie die Fähigkeit zum Komischen. Nur selten findet man einen Schauspieler wie Colin Firth, der in nahezu jedem Zeitalter zu Hause zu sein scheint.«

DAS VORSPRECHEN

»Sobald wir die Zahl der möglichen Kandidaten für eine Rolle auf unseren Listen aufgrund unseres Vorwissens über sie eingegrenzt haben, laden wir die in Frage kommenden Schauspieler zum Vorsprechen ein. Für die Hauptrollen schicken wir das ganze Drehbuch an die einzelnen Agenten. In diesem Fall waren wir in der glücklichen Lage, über ein derart exzellentes Drehbuch zu verfügen, daß uns die Agenten begeistert anriefen und mitteilten, die bei ihnen unter Vertrag stehenden Schauspieler seien außerordentlich interessiert. Es handelte sich schließlich um ein Projekt ersten Ranges, und so kann man sich vorstellen, daß wir keine Schwierigkeiten hatten, Schauspieler dafür zu gewinnen.

Der Besetzungsplan

Bei den Vorsprechterminen sollten sich die Schauspieler zunächst mit dem Regisseur und der Produzentin bekannt machen. Dann plauderten wir eine Weile, bevor sie ein paar Szenen vortragen konnten. Manchmal läßt man die Schauspieler eine Szene lesen und gibt ihnen dann Anweisungen, sie noch einmal anders zu lesen, nur um herauszufinden, über welche Bandbreite der Interpretation sie verfügen. Wenn jemand während des Vorsprechens gezeigt hat, daß er lebendig genug ist und über die nötige Präsenz verfügt, wird er zu Probeaufnahmen eingeladen.«

PROBEAUFNAHMEN

»Man wählt zwei oder drei möglichst gegensätzliche Szenen aus und schickt sie dem Schauspieler zu, von dem man erwartet, daß er den Text auswendig lernt, damit er während der Aufnahmen nicht nur auf das Papier starrt. Dazu kommt, daß sich Kostümbildner und Maske um das Make-up, die passenden Frisuren und ein der Zeit entsprechendes Kostüm kümmern.

Die Schauspieler spielen dann ihre Szenen in einem Fernsehstudio, wobei die anderen Rollen einfach nur gelesen werden. Alles wird auf Video aufgezeichnet. Bei den Probeaufnahmen werden die Schauspieler gebeten, sich zu bewegen oder auch einmal hinzusetzen, während verschiedene Kameras sie aus allen möglichen Blickwinkeln aufnehmen; dabei entsteht auch eine Reihe von Großaufnahmen. Von jedem Schauspieler hatten wir so schließlich etwa zwanzig Minuten Videomaterial, das wir uns im Hinblick auf Aussehen und schauspielerische Leistung ansahen. Vor allem, wenn es um die Besetzung einer Hauptrolle geht und der in Frage kommende Schauspieler noch recht unerfahren ist, sind die Probeaufnahmen von großer Bedeutung. Darüber hinaus geben sie Aufschluß darüber, wie verschiedene Schauspieler zueinander passen. Im Fall der Bennet-Schwestern mußten wir zum Beispiel darauf achten, daß sich die Schauspielerinnen nicht zu ähnlich sahen. Es durfte nicht die Gefahr bestehen, daß der Zuschauer sie miteinander verwechselt. Andererseits hätten aber zu große Unterschiede im Aussehen auch lächerlich gewirkt. Bei Darcy und Bingley wollten wir einen physischen Kontrast haben. Da die Rolle des Darcy bereits

»Mr. Bingley war hübsch und vornehm, freundlich und von natürlichem, ungekünsteltem Wesen.« (Jane Austen)

Julia Sawalha als Lydia Bennet.

Emilia Fox als Georgiana Darcy und Joanna David in der Rolle der Mrs. Gardiner.

mit Colin Firth besetzt war, suchten wir für die Rolle des Bingley also nach jemandem, der sich im Aussehen und im Auftreten deutlich abhob. Mit Crispin Bonham-Carter haben wir meiner Meinung nach genau den Richtigen gefunden.

Es kommt auch vor, daß ein Schauspieler für eine Rolle vorspricht, wir ihm dann aber eine ganz andere anbieten. Dies war zum Beispiel der Fall bei Lucy Davis, die, als wir sie kennenlernten, noch recht unerfahren war. Sie sprach für die Rolle der Lydia vor, und da sie uns sehr gut gefiel, luden wir sie zu Probeaufnahmen ein. Als sie ins Studio kam, merkte man, daß sie sich exzellent auf die Szenen vorbereitet hatte, die wir ihr zugeschickt hatten. Ihre Vorstellung war beeindruckend. Wir zogen ernsthaft in Erwägung, sie in der Rolle zu besetzen, aber sie hatte zu wenig Erfahrung. Die Rolle der Lydia ist außerordentlich komplex, Lydia muß witzig sein, frech und ungezogen, attraktiv, aggressiv und ungeheuer energiegeladen. Schließlich boten wir die Rolle einer anderen Schauspielerin an, von der wir noch nicht einmal Probeaufnahmen gemacht hatten, die aber über sehr viel Erfahrung verfügt, Julia Sawalha. Wir brauchten eine Lydia, auf die hundertprozentig Verlaß ist, da sie in den Szenen, in denen sie mitwirkt, die treibende Kraft ist. Doch zugleich wollten wir auch mit Lucy arbeiten, also gaben wir ihr die Rolle der Maria Lucas. Die Entscheidung haben wir nicht bereut, denn sie hat sich mit der gleichen Energie in die Arbeit an dieser kleinen Rolle gestürzt, die sie auch für die größere eingebracht hätte. Und für junge Talente ist es natürlich auch wichtig, so viel wie möglich mit erfahrenen Schauspielern, Regisseuren und Produzenten zusammenzuarbeiten. Wenn man in einer kleinen Rolle überzeugt, wird man in jedem Fall weitere Aufträge bekommen.«

DIE BESETZUNG DER GEORGIANA

»Die Rolle der Georgiana Darcy war besonders schwer zu besetzen. Sie soll sechzehn Jahre alt sein, dabei aber sehr kindlich und unschuldig, vollkommen unberührt von der Welt. Als Darcys Schwester muß sie Klasse besitzen. Im Drehbuch wird sie als stolz und hochmütig aussehend beschrieben, doch nur, weil sie schrecklich schüchtern ist. Das hieß, daß wir eine versierte Schauspielerin brauchten. Gleichzeitig verlangte das Drehbuch auch noch, daß sie hervorragend Klavier spielen konnte.

Wir begannen eine groß angelegte Suche. Hunderte von Mädchen hatten wir für die Besetzung der anderen Rollen bereits gesehen, doch keine von ihnen entsprach

LUCY DAVIS ÜBER DAS CASTING

»Ich war sehr glücklich, für die Rolle der Lydia vorsprechen zu können, aber auch schrecklich nervös. Zwei Tage vor dem Vorsprechtermin hatte man mir, und das ist durchaus nicht üblich, eine Szene aus dem Drehbuch zugeschickt, so daß ich mich vorbereiten konnte. Es wird zwar nicht erwartet, den Text schon beim Vorsprechen auswendig zu können, doch es macht einen großen Unterschied, ob man mit den Augen nur am Skript klebt oder nicht. Hinterher fühlte ich mich sehr erleichtert und dachte, daß es gut gelaufen ist. Weil ich vorher noch nie bei einer größeren Produktion dabei war, hatte ich keine Ahnung, wie es nun weiterging. Als ich dann die Nachricht von der Agentur bekam: ›Wir haben gute Neuigkeiten für Sie, rufen Sie bitte zurück‹, dachte ich, ich hätte die Rolle! Der Agent teilte mir mit, daß ich zu Probeaufnahmen eingeladen wäre. Ich sagte: ›Großartig, aber was ist das?‹ Bis zu den Aufnahmen waren noch ein paar Wochen Zeit, und man schickte mir mehrere Szenen zu, die ich nun tatsächlich auswendig lernen sollte. Ich habe furchtbar viel an diesen Szenen gearbeitet! Und ich habe unzählige Notizen zu meiner Rolle an den Rand geschrieben. Nicht solche Anmerkungen wie ›An dieser Stelle ist sie sehr glücklich‹, sondern so verrückte Sachen wie ›Explodieren‹, ›Wow‹ oder ›Kichern‹. Als ich zu den Probeaufnahmen ging, hatte ich wirklich Angst, daß irgend jemand mein Textbuch sieht und mich für verrückt erklärt. Wenn man bedenkt, wie nervös ich war, haben die Probeaufnahmen richtig Spaß gemacht. Es hat mir unheimlich geholfen, daß ich ein Kostüm tragen konnte und vorher geschminkt und frisiert worden bin.
Zunächst wurden die Szenen im Studio geprobt. Es gab mir unheimlichen Auftrieb, daß der erste Regieassistent immer lachte, wenn etwas komisch sein sollte, und Maggie Lunn, eine der Besetzungsdirektorinnen, die die anderen Rollen las, so viel Zuversicht ausstrahlte. Dadurch war ich etwas entspannter und ruhiger.
Daß ich dann doch nicht die Lydia spielen sollte, war für mich eine große Enttäuschung. Aber gleichzeitig freute ich mich natürlich, daß man mir die Rolle der Maria Lucas anbot. Es ist doch so, wenn ich gleich für diese Rolle vorgesprochen und sie bekommen hätte, wäre ich überglücklich gewesen. Aber da ich die Chance gehabt hatte, für die Rolle der Lydia vorzusprechen, war ich einfach traurig, daß ich nun diese Rolle nie mehr im Leben spielen würde. Denn sollte der Roman noch einmal verfilmt werden, werde ich zu alt dafür sein. Aber Maria Lucas zu spielen, hatte schließlich auch Vorzüge. Da die meisten Leute gar nicht wissen, wer sie ist, und die Rolle in anderen Verfilmungen gewöhnlich gestrichen wurde, gibt es keine Vorbilder, gegen die ich anspielen mußte. Ich betrat unbekanntes Terrain, und das kann schließlich auch großen Spaß machen!«

Lucy Davis als Maria Lucas

unserem Bild von Georgiana. Also gingen wir an Schulen und suchten dort nach einem geeigneten Mädchen. Nachdem sich uns etwa siebzig Mädchen vorgestellt hatten, begannen wir allmählich zu verzweifeln. Schließlich sahen wir alle unsere Adreßbücher durch, vielleicht hatten ja Freunde eine Tochter, die der Rolle entsprach. Am liebsten wollten wir das Kind eines Schauspielers oder einer Schauspielerin, in der Hoffnung, daß sie das Talent ihrer Eltern geerbt hatte. Endlich schlug Simon Emilia Fox vor, die neunzehnjährige Tochter von Edward Fox und Joanna David, die noch dazu eine Schwäche für die Schauspielerei hat. Simon kannte sie flüchtig und glaubte, daß sie über das richtige Aussehen und die Klasse verfügen könnte. Also riefen wir sie an und baten sie um ein Treffen. Ihr Vater stand der Idee sehr skeptisch gegenüber, da sie gerade mit ihrem Studium in Oxford begonnen hatte. Doch sie kam ins Studio zum Vorsprechen und zeigte großes Interesse an der Rolle. Wir ließen sie sogar zweimal vorsprechen, um uns ganz sicher zu sein – und so hatte sie auch genug Zeit, um ihren Vater umzustimmen!«

Alison Steadman: »Als man mir die Rolle der Mrs. Bennet anbot, war das, als ob man mir eine riesige Schachtel Pralinen geschenkt hätte – ich konnte einfach nicht widerstehen.«

ANGEBOTE

»Bekannte Schauspieler wie Colin Firth, Alison Steadman oder Barbara Leigh-Hunt, deren Arbeit man kennt, bittet man nicht zu Probeaufnahmen und erst recht nicht zum Vorsprechen. Statt dessen bietet man ihnen über ihren Agenten die Rolle direkt an und schickt ihnen das Drehbuch zu. Bei einem so bedeutenden Projekt wie *Stolz und Vorurteil* kann man innerhalb einer Woche mit einer Antwort rechnen.

Alison Steadman über das Verhältnis Mrs. Bennet – Lydia: »In Lydia sehen wir die junge Mrs. Bennet. Es ist offensichtlich, daß Lydia ihr Liebling ist – ein anarchisches und wildes, ein liebevolles und begeisterungsfähiges junges Mädchen, das voller Witz und Energie steckt. Sie ist hübsch, flirtet gern und findet Soldaten unwiderstehlich. Mrs. Bennet gibt es selbst zu: ›Ich erinnere mich der Zeit, wo ich selbst einen roten Rock gern sah – und in meinem Herzen tue ich es noch heute‹.«

Sobald ein Schauspieler die Rolle angenommen hat, ist die Aushandlung des Vertrages Sache des Agenten und des Vertragsbevollmächtigten der BBC. In diesem Stadium kann ich den Disponenten beratend zur Seite stehen und sie darüber informieren, welche Projekte der Schauspieler oder die Schauspielerin gerade abgeschlossen hat. Besetzungschefs müssen sich über alle aktuellen Projekte auf dem laufenden halten. Wir besuchen nicht nur die Schauspielschulen und sehen uns deren Aufführungen an, sondern gehen auch so oft wie möglich in die professionellen Theater und sehen uns stundenlang Videos an. Zu wissen, wer auf den Bühnen und vor den Kameras steht und wessen Stern gerade aufgeht, ist in meinem Job wesentlich. Der Abschluß des Vertrags ist für gewöhnlich ›subject to billing‹, also abhängig von der Reihenfolge der Nennung im Vor- oder Abspann eines Films. Über die Bedingungen der Nennung verhandeln Agent und Produzent direkt miteinander. Manche Schauspieler und Agenten legen größten Wert auf die richtige Plazierung im Abspann, und das Nichtzustandekommen einer Einigung kann den Vertrag platzen lassen, vor allem, wenn mehrere prominente Schauspieler an einem Projekt beteiligt sind. Es kommt vor, daß Schauspieler eine großartige Rolle samt hervorragender Gage ablehnen, weil sie die Reihenfolge der Nennung nicht akzeptieren. Es ist also Aufgabe des Produzenten, dafür zu sorgen, daß alle Beteiligten mit der Plazierung ihres Namens einverstanden sind, bevor die Verträge geschlossen werden.«

JENNIFER EHLE ZU IHREN GRÜNDEN, DIE ROLLE DER ELIZABETH ZU ÜBERNEHMEN

»Die Rolle der Elizabeth ist einfach phantastisch. Ich hatte den Roman bereits mit zwölf Jahren gelesen, es war mein erster Klassiker. Und bei der Lektüre von Stolz und Vorurteil verliebte ich mich in die Figuren von Darcy und Elizabeth. Damals hatte ich noch nicht die geringste Ahnung, daß ich einmal Schauspielerin werden wollte und natürlich auch nicht den Wunsch, die Rolle der Elizabeth zu spielen. Vielmehr wollte ich Elizabeth sein, und deshalb habe ich eine Zeitlang auch so getan, als ob ich im 19. Jahrhundert lebte.

Die Figur der Elizabeth hat Vorbildcharakter. Sie ist unabhängig. In einer Gesellschaft, die junge Frauen nicht gerade zur Selbständigkeit ermutigt, gelingt es ihr, sich die Unabhängigkeit ihres Denkens zu bewahren. Und ich glaube, das ist es auch, was die jungen Frauen von heute anspricht. Es ist also nicht schwer, sich mit Elizabeth zu identifizieren. Ich mag vor allem ihren Geist und ihre Intelligenz. Mit Sicherheit erfüllt sie nicht die Rolle des Opfers. Es ist großartig, im Alter von zwölf Jahren einen Roman von einer Frau zu lesen, die zu Beginn des 19. Jahrhunderts lebte und schrieb. Man wird sich plötzlich bewußt, daß man nicht der erste Mensch auf der Welt ist, der all diese widersprüchlichen Gefühle hat. Und es ist wundervoll, in der Phantasie zu erleben, wie es ist, wenn man sich verliebt. Der Roman beschreibt dieses Gefühl und bleibt andererseits doch vollkommen harmlos. Es passiert rein gar nichts, was ein junges Mädchen als sexuell bedrohlich empfinden könnte. Die so vermittelte Vorstellung ist einfach schön.

Als ich zu Probeaufnahmen gebeten wurde, hatte ich nicht die geringste Ahnung, wie viele andere Kandidatinnen es außer mir für die Rolle gab. Selbstverständlich war ich aufgeregt, doch es hat mir auch Spaß gemacht. Das Kostüm erwies sich allerdings als wenig hilfreich, da es viel zu klein war und daher im Rücken nicht geschlossen werden konnte. Aber die Perücke und das Make-up waren eine große Hilfe. Ich habe das noch niemandem erzählt, aber ich muß gestehen, daß ich ein bißchen geschummelt habe. Ich wußte, daß alle ein wenig Bedenken hatten, weil ich blond bin und sie Elizabeth eher als dunklen Typ sahen. Also habe ich am Abend vor den Probeaufnahmen meine Augenbrauen dunkler gemacht und dann am Morgen extra meine Haare nicht gewaschen, so daß auch sie etwas weniger hell wirkten. Bei den Proben sagten dann alle: »Uns war gar nicht klar, wie dunkel deine Augenbrauen sind. Das ist phantastisch. Du wirst mit einer dunklen Perücke ganz toll aussehen!«

Jennifer Ehle als Elisabeth Bennet.

Sam Breckmans Fotoausbeute von der Suche nach geeigneten Drehorten.

DIE SUCHE NACH GEEIGNETEN DREHORTEN

»Die Auswahl der Drehorte wird nicht von einer Person allein getroffen«, erklärt Simon Langton. »In diesem Stadium hatte ich zwar noch keine genaue Vorstellung davon, wie der gesamte Film aussehen sollte. Doch was einige der Drehorte betraf, hatte ich mir bereits ein recht präzises Bild gemacht.«

Geeignete Drehorte, im Filmjargon »Locations« genannt, zu finden ist eine zeitaufwendige Arbeit, und das Aushandeln der Verträge mit den jeweiligen Besitzern des Hauses oder Grundstücks kann unter Umständen stundenlange Diskussionen und Planungen erfordern. Mit der Aufgabe des Location Managers wurde Sam Breckman betraut.

»Der für *Stolz und Vorurteil* wichtigste Drehort ist Longbourn, das Haus der Familie Bennet«, erklärt Sam. »Für die Dreharbeiten dort – Innen- wie Außenaufnahmen – hatten wir etwa zehn Wochen einkalkuliert. Das Haus und die Umgebung mußten also allerhand zu bieten haben. Wir hatten einen ganzen Katalog von Anforderungen. Wir brauchten einen Salon, ein Eßzimmer, eine Bibliothek, eine große Eingangshalle, eine Treppe, Treppenabsätze und drei Schlafzimmer sowie einen weitläufigen Garten. Darüber hinaus würden wir dem Besitzer einiges an Geduld abverlangen, denn bevor die eigentlichen Dreharbeiten beginnen konnten, benötigten wir mindestens fünf Wochen, um das Haus herzurichten. Zudem konnten wir die Aufnahmen nicht in einem Stück machen, sondern wollten einige Sequenzen in den Sommermonaten drehen, andere dagegen erst im Oktober, um den Wechsel der Jahreszeiten einzufangen.«

Die Suche nach einem passenden Longbourn war Gerry Scotts größte Sorge. Die Designerin erinnert sich: »Ich sagte Sam, daß es sehr schwierig werden würde, ein geeignetes Haus zu finden. Es mußte eine gewisse Größe haben, durfte aber auch nicht zu groß sein, um unserem Konzept des unterschiedlichen sozialen Standes zu entsprechen. Zudem mußte es über Ländereien und eine Gartenanlage verfügen und noch dazu aus der richtigen Epoche stammen. Wir hatten nicht die geringste Ahnung, wo sich so ein Anwesen finden ließ, und bei dem Gedanken, daß wir dann auch noch von dem Besitzer verlangen mußten, für die dreimonatigen Dreharbeiten sein Haus zu räumen, war man der Verzweiflung nahe!

Ein weiteres Problem mit kleineren Häusern aus der entsprechende Epoche liegt darin, daß viele von ihnen sehr stark renoviert und umgebaut worden sind. Für gewöhnlich hat man Zentralheizungen eingebaut, Teppichböden verlegt und zahlreiche andere Veränderungen vorgenommen.«

DIE SUCHE BEGINNT: Sam Breckman

»Gerry Scott erinnerte sich an Lacock, ein Dorf in Wiltshire, das sie für eine geeignete Kulisse für Meryton hielt, die kleine Stadt in der Nähe von Longbourn. Also fuhren wir mit Sue und Simon nach Lacock, um es uns anzusehen. Wir stimmten darin überein, daß es für unsere Zwecke geradezu ideal war, sofern der National Trust (dem das Dorf gehört) und die Bewohner einer Nutzung zustimmten. Zunächst warf ich erst einmal einen Blick auf die Karte des Landesvermessungsamts, um möglichst in der Nähe von Lacock ein Haus zu finden, das unseren Vorstellungen von Longbourn entsprach. Dann begann ich durch die Gegend zu

Luckington Court in Wiltshire, unser Longbourn.

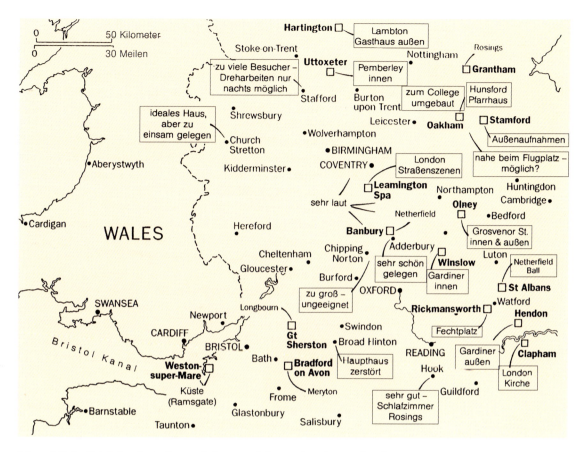

fahren. Mit der Zeit habe ich ein Gespür dafür entwickelt, wo ich suchen muß und welche Straße entlang zu fahren sich lohnt. Schließlich sah ich in der Ferne einen ockergelben Fleck aufleuchten und schlug den Weg dorthin ein. Es war Luckington Court, ein absolut ideales Haus. Ich klopfte an und stellte mich der Besitzerin vor. Sie bat mich herein und zeigte mir das Innere des Hauses. Es schien alles da zu sein, was uns vorgeschwebt hatte. Wir hatten Glück, ein Haus zu finden, das alle Erfordernisse in sich vereinte, und noch mehr Glück, daß Angela Horn, die Besitzerin, dem Gedanken aufgeschlossen gegenüberstand, dort Dreharbeiten stattfinden zu lassen.«

»Die Tatsache, daß Sam ein geeignetes Haus in einer passenden Gegend gefunden hatte und zudem noch die Besitzerin zur Zusammenarbeit mit uns bereit war, grenzte an ein Wunder!« beschreibt Gerry den Fortgang der Dinge. »Allerdings hatte Mrs. Horn keinerlei Erfahrung mit einem Filmteam. Sam und ich legen Wert darauf, dem Besitzer eines Gebäudes, in dem wir drehen wollen, von vornherein deutlich zu machen, worauf er sich einläßt. Es wäre außerordentlich unfair, jemanden nicht darüber aufzuklären, daß unsere Arbeit erhebliche Unruhe mit sich bringt. Wenn täglich sechzig bis siebzig Leute im Haus ein und aus gehen, bleibt das nicht aus. Mrs. Horn hat sich uns gegenüber ganz wundervoll verhalten. Sie verstand genau, welche Probleme auf uns zukamen und war sich im klaren darüber, welche Veränderungen wir an ihrem Haus unter Umständen vornehmen mußten.«

Sams Karte: »Die Drehorte, die die größten Probleme bereiten, suche ich immer zuerst aus. Die anderen sollten möglichst in der Nähe liegen, weil Fahrtzeiten bei einer Produktion dieser Größenordnung ein relativ großer Kostenfaktor sind. Manchmal stößt man auf einen wundervollen Drehort, stellt dann aber fest, daß er von anderen geeigneten Plätzen zu weit entfernt ist und sich daher nicht eignet. Dann beginnt die Suche von vorne.«

Landschaft in Derbyshire

Pemberley

Rosings

Netherfield

Longbourn

Hunsford Parsonage

VON PEMBERLEY BIS HUNSFORD

Es ging uns darum, eine Beziehung zwischen der Größe der einzelnen Häuser und dem Ansehen der sie bewohnenden Familien herzustellen. Pemberley, der Wohnsitz Darcys, mußte eindeutig das größte und prächtigste Anwesen sein. In der Reihenfolge der gesellschaftlichen Bedeutung seiner Bewohner stand als nächstes das Haus von Lady Catherine de Bourgh, Rosings Park, gefolgt von Netherfield, dem Haus, das Bingley pachtet, dann Longbourn und schließlich die Pfarrei von Hunsford, wo Mr. Collins lebt. Nachdem wir Longbourn gefunden hatten, beschlossen wir, uns zunächst auf die Suche nach einem geeigneten Gebäude für Pemberley zu machen, um zwischen diesen beiden Eckpunkten die anderen Drehorte anzusiedeln. Also begab sich Sam wieder auf Entdeckertour: »Es gibt nur wenige Häuser von der Größe Pemberleys. Nach der Romanvorgabe liegt es in Derbyshire und muß daher Elemente nordenglischer Architektur aufweisen. Noch dazu sollte das entsprechende Anwesen sehr groß sein und in einer überwältigenden Landschaft liegen. Es mußte Macht, Reichtum und doch guten Geschmack ausstrahlen.

Manche Leute sind der Ansicht, daß Jane Austen bei der Beschreibung von Pemberley Chatsworth House im Sinn gehabt hat. Allerdings spricht dagegen, daß Chatsworth an anderer Stelle des Romans explizit erwähnt wird. Wir einigten uns schließlich auf Lyme Park an der Grenze zwischen Cheshire und Derbyshire. Unglücklicherweise gab es während unserer Dreharbeiten einen Wechsel in der Verwaltung des Hauses, was dazu führte, daß uns schließlich nur Außenaufnahmen gestattet wurden. Das brachte eine Menge Schwierigkeiten mit sich, da wir nun für die Innenaufnahmen einen anderen Drehort finden mußten. Wir entschieden uns für Sudbury Hall in Derbyshire, das glücklicherweise nicht allzu weit von Lyme Park entfernt liegt, und mußten einen sogenannten »geteilten Drehort« in Kauf nehmen – alle Außenaufnahmen von Pemberley wurden in Lyme, die Innenaufnahmen dagegen in Sudbury gemacht.

Eine solche Vorgehensweise birgt selbstverständlich eine Menge Probleme in sich. Wenn das Drehbuch zum Beispiel vorschreibt, daß eine Gruppe von Menschen die Außentreppe hinauf ins Haus geht, muß man diese Szene unter Umständen Tage später an einem anderen, möglicherweise Meilen entfernten Drehort beenden. In so einem Fall ist natürlich von größter Bedeutung, daß die Kostüme, das Make-up und die gesamte Inszenierung bis ins letzte Detail mit den zuerst gedrehten Einstellungen übereinstimmen. Ein weiteres Problem bei den Dreharbeiten in Lyme Park

ANGELA HORN – BESITZERIN VON LUCKINGTON COURT

»Man muß bereit sein, sich mit Haut und Haaren auf die Sache einzulassen. Die Dreharbeiten krempeln das ganze Leben um, aber wenn man erst einmal zugestimmt hat, muß man auch zu seinem Wort stehen.

Zuerst befürchtete ich, ich würde unter der notwendigerweise entstehenden Unruhe leiden. Schließlich lebe ich hier seit nunmehr vierzig Jahren völlig ungestört. Doch im Gegenteil, ich war nie glücklicher als in diesen Monaten. Das gesamte Team arbeitete vom Morgengrauen bis spät in die Nacht, aber niemand war je unfreundlich oder schlecht gelaunt.

Vor allem die Größenordnungen, in denen man bei einem solchen Projekt rechnet, haben mich in Erstaunen versetzt. Siebzig Leute im Kantinenlaster mit Essen zu versorgen, scheint vollkommen normal zu sein. Dann gab es noch einen Lastwagen für die Maske und die Kostüme und einen für die Schauspieler, gar nicht zu reden von den zahlreichen Generatoren.

Zum Glück brauchten sie nicht alle Zimmer des Haupthauses, so daß ich meine gemütliche Küche, den Mittelpunkt des Hauses, behalten konnte. Und dann hatte ich noch das Dienstbotenzimmer hinter der Küche, das Sam für mich als Wohnzimmer herrichten ließ. Mein Schlafzimmer in der oberen Etage sollte Mrs. Bennets Zimmer werden, so daß ich in den Flügel umziehen mußte, in dem sich früher die Kinderzimmer und die Stube der Amme befanden. Meine Möbel wurden für die Dauer der Dreharbeiten in einem anderen Gebäude gelagert, um Luckington Court in Longbourn verwandeln zu können. All das verlief erstaunlich reibungslos. Nur ein einziges Mißgeschick ist passiert: Ich hatte alle Rechnungen, die ich in der nächsten Zeit bezahlen wollte, in den Speiseaufzug im Eßzimmer gelegt. Da die Filmleute in diesem Raum einige Änderungen vornehmen wollten, hatten sie den Aufzug ins oberste Stockwerk gezogen und dort für die Dauer der Dreharbeiten festgemacht. Fünf Monate lang konnte ich also meine Rechnungen nicht bezahlen! Man bot mir auch eine Rolle als Statistin an, aber ich habe höflich abgelehnt. Ich bin inzwischen etwas empfindlich, wenn es ums Fotografieren geht. Es macht mir nicht soviel aus, wenn ich mich unter einem Hut verstecken kann. Das hilft ein wenig. Aber ohne Hut sehe ich nun einmal so alt aus, wie ich bin.

Ich werde die Filmcrew richtig vermissen. Sie waren alle furchtbar nett zu mir und sind allmählich wie eine Familie für mich geworden. Als sie fertig waren und mein Haus verließen, habe ich geweint. Nach all dem Trubel hatte ich das Gefühl, in einer Geisterstadt zu leben. Nur der Gedanke, daß ich nun genügend Geld hatte, um das Dach des Westflügels neu decken zu lassen, hat mich wieder aufmuntern können.«

ergab sich daraus, daß wir bei schlechtem Wetter keine Ausweichmöglichkeit hatten. Normalerweise bricht man bei Regen die Außenaufnahmen ab und macht mit Innenaufnahmen weiter, um die Zeit zu nutzen. Jede Verzögerung des Produktionsplanes kostet schließlich Geld. Wir waren uns also des Risikos durchaus bewußt, das wir mit Lyme Park eingingen. Glücklicherweise war der Sommer 1994 von Sonnenschein gesegnet, so daß sich das Wagnis bezahlt gemacht hat!«

ROSINGS, HUNSFORD, NETHERFIELD, STRASSEN VON LONDON
Sam Breckman:

Als Kulisse für Rosings, das Haus von Lady Catherine de Bourgh, wählten wir schließlich Belton House in Linconshire. Belton ist ein prachtvolles Landhaus aus der Zeit der englischen »Restauration« (um 1660) mit einem wundervollen französischen Garten und einer leicht ansteigendem Parklandschaft an einer Seite des Anwesens. Außerdem gibt es eine eigene Kapelle, die uns für die Auftritte von Mr. Collins ideal zu sein schien. Nun hatten wir nur noch ein Pfarrhaus in der Gegend zu finden. Es mußte bescheidener wirken als Longbourn und sich in der Nähe

Lord Leycester Hospital diente als Kulisse für eine Poststation.

Oben: Parklandschaft bei Rosings.
Oben rechts: Der Hain aus spanischen Kastanien; Hintergrund für Darcys zweiten Antrag.

einer Kirche befinden, die der von Belton House ähnelte, da beide ja ein und dasselbe Gebäude darstellen sollten. Darüber hinaus mußte noch der nette Garten vorhanden sein, um den Mr. Collins sich kümmert. Die Alte Pfarrei von Teigh in Leicestershire entsprach genau all diesen Anforderungen, und ihre Besitzer, Barry und Tor Owen, hießen uns herzlich bei sich willkommen.

Netherfield, das letzte wichtige Gebäude in unserer Sammlung, fanden wir in der Nähe von Banbury. Unser Drehplan sah vor, daß wir im Anschluß an die Arbeit in Netherfield die Szenen filmten, die in den Straßen von London spielen. In London selbst hatten wir nichts gefunden, was wir gebrauchen konnten. Historische Stadtaufnahmen sind immer ein Problem. »Mich überkommt jedes Mal Verzweiflung, wenn ich im Drehbuch eine Regieanweisung wie ›Außenansicht: Straße in London‹ lese«, meint Gerry Scott. Die immensen Summen bei historischen Stadtaufnahmen entstehen dadurch, daß zahlreiche Vorbereitungen erforderlich sind: Es müssen zum Beispiel Schilder, Antennen, Alarmanlagen, Türklopfer und Telefonleitungen abmontiert und die Straßen mit einem anderen Belag versehen werden. Und alle diese Vorarbeiten sind erst die Voraussetzung für das eigentliche Design der Kulisse. Zudem brauchten wir die Straßenszenerie nur für einen einzigen Tag, so daß es sich nicht lohnte, Zeit und Geld für eine aufwendige Reise an einen weit entfernten Drehort zu verschwenden. Schließlich fanden wir die geeignete Kulisse im Lord Leycester Hospital in Warwick. Dort konnten wir auch eine der in einer Kutschenstation spielenden Szenen drehen, was eine weitere Einsparung bedeutete.

VERHANDLUNGEN

Sobald wir uns auf die Drehorte geeinigt hatten, oblag es Sam Breckman, mit der Ausstattungsabteilung zu besprechen, welche Arbeiten noch an den jeweiligen Gebäuden notwendig waren, um dann mit deren Besitzern oder Verwaltern einen endgültigen Vertrag auszuhandeln. Im Falle von Lacock zum Beispiel dauerten die Verhandlungen fünf Monate. Nachdem der National Trust als Grundeigentümer seine Zustimmung gegeben hatte, daß die Hauptstraße während der Drehbarbeiten gesperrt und der Asphalt mit Erde und Gras abgedeckt wurde, mußten die Gemeindeverwaltung und die Polizei in die Gespräche mit eingebunden werden. Zum gleichen Zeitpunkt schrieb Sam an alle Bewohner des Ortes, um ihnen das weitere Vorgehen zu erklären und sie zu einem Treffen einzuladen, bei dem über die Konsequenzen der Dreharbeiten für die Bevölkerung gesprochen werden sollte – die Kooperationsbereitschaft in Lacock war erstaunlich groß.

DAS PRODUKTIONSTEAM

Während das Casting und die Suche nach den Drehorten läuft, erledigt der Rest des Produktionsteams eine Reihe von weiteren wichtigen Aufgaben. Budget- und Zeitpläne müssen vorbereitet werden, Statisten gebucht und für Transport und Hotelunterkünfte gesorgt werden. Einige Mitglieder des Produktionsteams beschreiben ihre Arbeit wie folgt:

ASSOCIATE PRODUCER: Julie Scott

Der Associate Producer arbeitet dem Produzenten zu und ist für das Management der gesamten Produktion zuständig, von der Pre-Production bis hin zur Auslieferung des Filmmaterials an den Sender.

Stolz und Vorurteil war aus meiner Sicht insofern ein Glücksfall, als mir von Anfang an die kompletten Drehbücher vorlagen. Ich konnte sie mit nach Hause nehmen, um den »breakdown« zu machen. Dabei wird bis ins letzte Detail aufgelistet, was man für jede einzelne Szene braucht, welche Schauspieler beteiligt sind, welche Kostüme und Requisiten man benötigt und anderes mehr. Diese Aufstellung war die Grundlage für meine Besprechungen mit Sue. Häufig werden Drehbücher erst wesentlich später fertiggestellt, was die Arbeit um einiges erschwert. Durch das Budget waren uns bestimmte Grenzen gesetzt. Aufgrund unserer Erfahrungen schätzten Sue und ich die Kosten für jede Episode auf etwa 1 Million Pfund. Der nächste Schritt bestand in der detaillierten Planung der Produktion. Bei einem Historien- oder Kostümfilm beispielsweise ist die Ausstattung ein wesentliches, den Drehplan bestimmendes Schlüsselelement.

Eine der Vorgaben, die das Budget bestimmen, ist die Dauer der Dreharbeiten. Wir rechneten mit zwanzig Wochen. Der nächste Arbeitsschritt bestand darin, einen genauen Drehplan zu erstellen, um in diesem Zeitrahmen zu bleiben. Wir beschlossen, nur fünf Tage die Woche zu drehen, da die Realisierung eines Kostümfilms derart aufwendig ist, daß man mit sehr langen Arbeitstagen zu rechnen hat. Zehneinhalb Stunden reine Drehzeit pro Tag hatten wir ursprünglich veranschlagt. Rechnete man jedoch die Zeit für Maske und Garderobe hinzu, war davon auszugehen, daß etliche Schauspieler und Mitglieder des Produktionsteams leicht fünfzehn Stunden oder mehr pro Tag am Set zubringen mußten.

Zunächst sprach ich mit Sue über die Besetzung. Es war klar, daß sie ausgezeichnete Schauspieler haben wollte, und die sind natürlich teuer. Dann ging ich das Drehbuch noch einmal durch, um festzulegen, wieviele Statisten wir ungefähr für die Straßen- und Ballsaalszenen brauchten. Auch ihre Gagen müssen in die Kalkulation mit einbezogen werden. Die Produktionsdesignerin fertigte für mich eine Aufstellung der erforderlichen Kulissen an, die zu einem großen Teil extra für die Produktion hergestellt werden mußten. Außerdem sprach ich mit den Masken- und Kostümbildnern, die im voraus wissen müssen, wieviel Schauspieler und Statisten beteiligt sein werden, um eine Kostenkalkulation für Perücken, Kostüme und die bei einer Produktion dieser Größe notwendigen Mitarbeiter abliefern zu können. Wenn man zum Beispiel in einer Szene außer den Schauspielern noch sechzig Statisten braucht, muß man zumindest für die in Frage kommenden Drehtage entsprechend viele zu-

Lucy Davis und Christopher Benjamin beim Lunch.

Elizabeth auf dem Ball in Netherfield. In dieser Szene wurden achtzig Statisten gebraucht.

sätzliche Mitarbeiter einstellen, um zu gewährleisten, daß alle rechtzeitig angekleidet und geschminkt sind.

Darüber hinaus hatte ich zu klären, welche Beleuchtungsausrüstung benötigt wurde. Das Filmen in großen, historischen Gebäuden erfordert ein entsprechend aufwendiges Ausleuchten. Ich setzte mich also mit verschiedenen Beleuchtungsfirmen in Verbindung, um von ihnen Kostenvoranschläge für das nötige Equipment einzuholen.

Selbst im Stadium der Pre-Production ist immer mit Änderungen in der Planung zu rechnen. Nachdem zum Beispiel Jane Gibson, die Choreographin, mit Simon und Sue über ihre Vorstellung der Tanzszenen gesprochen hatte, riet sie davon ab, ausschließlich mit Statisten zu arbeiten. Sie hielt es für besser, den Hauptdarstellern professionelle Tänzer zur Seite zu stellen, die natürlich auch wieder teurer als Statisten sind. Wir einigten uns schließlich darauf, Berufstänzer zu engagieren, mußten nun aber mit dem Regisseur abstimmen, an welchen anderen Stellen er zu Einsparungen bereit war, um die zusätzlichen Kosten aufzufangen.

Und schließlich mußte ich ein paar gute Catering-Dienste buchen, die am Set für die Verpflegung des gesamten Teams zu sorgen hatten. Die Bedeutung dieses Bereichs ist nicht zu unterschätzen! Angenehme Mahlzeiten wirken geradezu Wunder. Schlechtes Essen dagegen kann auf die Dauer selbst ein fröhliches und engagiertes Team demoralisieren, vor allem, wenn es viel und hart arbeitet.

All diese Planungen erfordern viel Zeit, und es werden für gewöhnlich eine Reihe von vorläufigen Kostenaufstellungen ausgearbeitet, bevor Produzent und Associate Producer soweit sind, eine endgültige Budgetvorstellung vorzulegen. Sobald sie genehmigt worden ist, haben wir dafür zu sorgen, daß die Kosten der Produktion dieses Limit nicht übersteigen.

PRODUCTION MANAGER: Paul Broderick

Als ich mit der Erstellung des Drehplans für *Stolz und Vorurteil* begann, hatte mich Julie Scott bereits darüber informiert, daß das Budget eine Drehzeit von zwanzig Wochen zuließ. Die Aufnahmen sollten zwischen Juni und Oktober stattfinden, und es war vorgesehen, fünf Tage in der Woche zu drehen. Diese Rahmenbedingungen lieferten mir noch vor der genauen Analyse der Drehbücher das äußere Gerüst für den Drehplan.

Bei der Erstellung von Drehplänen für derartige Kostümfilme kann man sich an der Faustregel orientieren, daß ein Drehtag etwa vier bis fünf Seiten des Drehbuchs beziehungsweise drei bis vier Minuten fertigen Films entspricht. Theoretisch müßten die Dreharbeiten für alle sechs Folgen von *Stolz und Vorurteil* also einhundert Tage dauern. Doch diese Rechnung läßt die unterschiedlichen Schwierigkeitsgrade der einzelnen Szenen außer acht. Eine im Haus der Bennets spielende Szene etwa, in der zwei oder drei Schauspieler beisammensitzen und miteinander reden, ist in der Regel leichter und schneller zu drehen als in der Hauptstraße von Meryton angesiedelte Szenen mit Pferden, Kutschen und zahlreichen Statisten. Letztere würden sicherlich so viel Zeit in Anspruch nehmen, daß ich beschloß, einige zusätzliche Drehtage einzuplanen. Es ließ sich nicht umgehen, ab und zu auch an sechs Tagen der Woche zu filmen.

»Eine Statistenrolle zu spielen, gehört nicht gerade zur Arbeitsplatzbeschreibung eines Production Managers, aber als Mitglied der Schauspielergewerkschaft habe ich bereitwillig ausgeholfen.« (Paul Broderick)

Die nächste Entscheidung betraf die Reihenfolge, in der die Szenen gedreht werden sollten. Anstatt der Chronologie der Drehbücher zu folgen und dabei die gesamte Produktion immer wieder quer durch das ganze Land zu jagen, bot es sich natürlich an, Szenen, die an ein und demselben Schauplatz spielen, zu bündeln, selbst wenn dies bedeutete, daß man zum Beispiel nahtlos von einer Szene der fünften Folge zu einer der zweiten übergehen mußte.

Und auch am Drehort ließ sich die Arbeit noch weiter konzentrieren, wenn man alle Szenen, die beispielsweise in einem Raum oder einem Teil des Gartens spielen, nacheinander drehte. Hinzu kam die Unterscheidung von Tag- und Nachtszenen. Für Szenen, die in der Nacht spielen, müssen die Fenster in einem recht zeitaufwendigen Verfahren schwarz abgedeckt werden, so daß es sich anbietet, diese Passagen zu bündeln. Das Abweichen von der Chronologie der Handlung ist für die Schauspieler natürlich nicht ganz einfach, aber aus Zeit- und Kostengründen einfach unerläßlich.

Für *Stolz und Vorurteil* ist der Wechsel der Jahreszeiten von besonderer Bedeutung, da sich darin auch die Höhen und Tiefen der Beziehungen der Charaktere widerspiegeln. Daher war es wichtig, wenn möglich, die in Frage kommenden Szenen in der entsprechenden Jahreszeit zu drehen. Das hieß, daß wir im Frühsommer mit den Episoden in Rosings, dem Anwesen von Lady Catherine, und der Pfarrei von Mr. Collins begannen. Den Sommer über drehten wir in Pemberley und Longbourn, bevor wir für eine Reihe von Innenaufnahmen nach London in die Ealing Film Studios gingen. Im Oktober kehrten wir dann nach Netherfield, Meryton und Longbourn zurück, um die im Herbst und Winter spielenden Szenen aufzunehmen.

Ein weiterer Faktor, der die Einteilung des Drehplans beeinflußte, war die Verfügbarkeit der einzelnen Schauspieler. Einzig Jennifer Ehle mußte während der gesamten Dreharbeiten anwesend sein. Alle anderen erschienen nur zu den Szenen am Set, in denen wir sie brauchten. Einige der Schauspieler waren schon andere Verpflichtungen eingegangen, bevor sie für unsere Produktion gebucht wurden, so daß ich mich mit dem Drehplan auch nach ihren Terminen richten mußte.

Ein weiteres Problem bestand darin, daß uns die Orte, an denen wir drehen wollten, teilweise nur bedingt zur Verfügung standen. Einige der großen Landhäuser zum Beispiel sind Eigentum des National Trust, nach dessen Vorgaben wir uns zu richten hatten. Das hieß für gewöhnlich, daß wir in diesen Häusern nur an Tagen arbeiten konnten, an denen sie für die Öffentlichkeit geschlossen sind. In der Abtei von Lacock und dem nahegelegenen Dorf konnten wir im Sommer überhaupt nicht filmen, sondern hatten uns mit unseren Dreharbeiten auf den Oktober zu beschränken, um den Fremdenverkehr nicht zu beeinträchtigen.

Auf der Grundlage all dieser Faktoren erstellte ich schließlich den Drehplan, der in der Folge von den Mitgliedern der Crew beinahe wie eine Bibel behandelt wurde – in den nächsten fünf Monaten war er bestimmend für das Leben aller Beteiligten.

SCRIPT EDITOR: Susie Conklin

Aufgabe des Script Editors ist es, gemeinsam mit dem Produzenten und dem Autor an der Entwicklung des Drehbuchs zu arbeiten. Zugleich stellt er wäh-

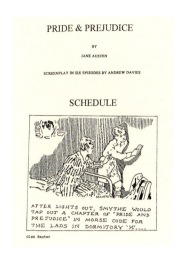

Glen Baxter entwarf den Umschlag für den Drehplan, der zur Bibel des Teams wurde und jedermanns Leben für die nächsten fünf Monate bestimmte.

rend der verschiedenen Stadien der Produktion das Bindeglied zwischen Autor und dem übrigen Team dar. Die arbeitsintensivste Phase ist zweifellos die der Entwicklung der Drehbücher. Sue, Andrew und ich diskutierten die Eingangs- und Schlußszenen jeder Folge, entscheidende und weniger entscheidende Episoden, Szenen, die abweichend vom Roman hinzuerfunden werden mußten, und so weiter.

Sobald ich die erste Fassung eines Drehbuchs in den Händen hielt, habe ich eine grobe Schätzung der Sendedauer vorgenommen und mir Notizen für die Überarbeitung gemacht. Dann setzte ich mich mit Sue und Andrew zusammen, um unsere Änderungsvorschläge durchzusprechen. Diese Phase der Überarbeitung macht mir immer besonders großen Spaß, weil es darum geht, das bereits vorhandene Gerüst auszukleiden. Mit Andrew an einer Literaturverfilmung zu arbeiten ist unter anderem deswegen ein solches Vergnügen, weil er trotz seiner Begeisterung für die Romanvorlage nie das Ziel aus den Augen verliert, ein Drehbuch zu schreiben, das eine bildhafte und temporeiche Verfilmung möglich macht. Meiner Meinung nach verfügt er über einen ausgezeichneten Sinn für Rhythmus.

Wie nicht anders zu erwarten, gab es einige Diskussionen über notwendige Kürzungen. Jeder von uns hatte ein paar Lieblingsdialoge, auf die er nur ungern verzichten wollte. Doch die große Kunst besteht gerade darin, die Szenen oder einzelne Figuren nicht mit zu viel Dialog zu überfrachten. Das mag sich zwar auf dem Papier gut lesen, doch der Zuschauer fühlt sich durch die Wortflut schnell gelangweilt. Etwa einen Monat brauchten wir für die Erstellung der endgültigen Fassung des Skripts, so daß Regisseur und Produktionsteam im Dezember 1993 die Drehbücher für alle sechs Folgen in den Händen hielten.

Während der Pre-Production wird das Drehbuch zum Leitfaden, an dem sich die kreativen Abteilungen orientieren. Allerdings steht der Autor nicht immer zur Verfügung, um Fragen zu beantworten, die im Laufe des langwierigen Produktionsprozesses immer wieder auftauchen. Deshalb agiert der Script Editor als Interpret des Drehbuchs, der Antworten auf die unterschiedlichsten Fragen parat haben muß: Läßt sich zum Beispiel eine bestimmte Szene vom Eßzimmer in den Salon verlegen? Kann man auf Aufnahmen von der Ankunft einer Kutsche verzichten und statt dessen die Figuren zeigen, wie sie den Salon betreten? Ist es möglich, ein paar Textzeilen einzufügen, um eine Szene zu beleben, in der einige Personen einen langen Korridor hinuntergehen? Läßt sich aus einer Nachtszene auch eine Tagszene machen? Und so weiter. Auch die Entscheidung für bestimmte Drehorte und die Erstellung des Drehplans können kleinere Änderungen des Drehbuchs zur Folge haben. Doch der gesamte Prozeß der Überarbeitung sollte spätestens kurz vor dem sogenannten »Read-through« abgeschlossen sein, um mit den Dreharbeiten beginnen zu können.

CONTINUITY SUPERVISOR: Sue Clegg

Der Continuity Supervisor muß so etwas wie das zweite Paar Augen und Ohren des Regisseurs sein. Ich bin bei allen Proben und Aufnahmen dabei und notiere jede Änderung, die in den Dialogen oder der Handlungsführung vorgenommen wird, außerdem die verschiedenen Positionen der Kameras. Während der Arbeit am Set schreibe ich auf, welche Kameraeinstellungen der Regisseur haben will – eine Nahaufnahme hier oder eine Totale dort. In meinen Aufzeichnungen für den Cutter halte ich fest, welche »takes« der Regisseur einsetzen will und welche Gründe er dafür hat. Mit Hilfe dieser Notizen weiß der Cutter dann, was wir aufgenommen haben.

Während der Pre-Production lese ich zunächst das Drehbuch drei- oder viermal durch, um mich damit wirklich vertraut zu machen. Dann teile ich das Skript nach Tagesabläufen ein. Manchmal ist der Handlungsverlauf unkompliziert – wenn zum Beispiel einer am Tag spielenden eine Nachtszene folgt, ist damit eindeutig das Ende eines Tages markiert. Doch es kommt auch vor, daß eine Nachtszene nicht den Übergang von einem Tag zum nächsten darstellt. Mittels dieser Information erfährt die Kostümabteilung, ob die Charaktere die gleichen Kostüme tragen oder nicht. Dann mache ich einen »breakdown« für jede einzelne Szene, das bedeutet, ich fertige eine Aufstellung der Charaktere und benötigten Requisiten an – Marys Gebetbuch oder ihre Brille zum Beispiel, alles eben, woran bei der Vorbereitung unmittelbar vor den Dreharbeiten zu denken ist. Bei *Stolz und Vorurteil* blieben mir nur etwa drei Wochen, um die Drehbücher für alle sechs Folgen aufzuteilen, bevor wir mit den Dreharbeiten begannen. Dadurch fühlte ich mich anfangs einigermaßen unter Druck gesetzt, doch schließlich wurde ich doch noch rechtzeitig fertig – wenn auch buchstäblich in letzter Minute!

Sue Clegg macht sich Notizen zur Continuity.

RECHERCHEN: Clare Elliott

Als Jane Austen *Stolz und Vorurteil* schrieb, konnte sie davon ausgehen, daß die Leser mit dem im Roman beschriebenen England ebenso vertraut waren wie sie selbst. Jeder wußte, daß um siebzehn Uhr zu Abend gegessen wird und eine Frau wie Mrs. Bennet selbstverständlich eine Haushälterin hat. All dies waren allgemein bekannte Fakten, die die Autorin ihrem Publikum nicht extra mitteilen mußte. Doch uns trennen Welten vom Jahr 1813, und die Gesellschaft hat sich seitdem grundlegend verändert.

Während der Pre-Production von *Stolz und Vorurteil* absolvierte ich ein Praktikum als Script Editor, und natürlich überschüttete man mich ständig mit den verschiedensten Fragen, so daß ich mit der Zeit eine wahre Expertin für das frühe 19. Jahrhundert wurde. Gab es um 1813 in englischen Gärten bereits Fleißige Lieschen? Wieviele Dienstboten hatte eine Familie wie die Bennets? Wie sah zu der Zeit eine Hochzeit aus? Was ist das Buchstabenspiel? Verbeugten sich die Männer, wenn sie ein Zimmer betraten? Von alledem hatte ich zunächst nicht die geringste Ahnung.

Zuerst wandte ich mich der Frage des Personals zu. Das Produktionsteam mußte genau wissen, welche Dienstboten welche Aufgaben zu erfüllen hatten, um das Hintergrundgeschehen einzelner Szenen so authentisch wie möglich zu gestalten. Es mußten die richtigen Diener sein, die die Türen öffneten, das Essen servierten oder auf den Kutschen mitfuhren. In der London Library entdeckte ich ein ausgezeichnetes Buch von 1825 mit dem Titel *The Complete Servant* von Samuel und Sarah Adams, die sich durch »Fünfzig Jahre im Dienst verschiedener Familien« als Autoren empfahlen. Das Buch richtet sich an angehende Dienstboten und beschreibt detailliert, welche Aufgaben jedem einzelnen von ihnen in einem Haushalt zukamen. Auf der Grundlage dieses Buches kam ich zu dem Schluß, daß eine Familie wie die Bennets elf Dienstboten gehabt haben dürfte, deren Funktionen sich von der Haushälterin bis zum Stallburschen genau festlegen ließen.

Zudem lernte ich eine Reihe von Experten kennen, deren Kenntnisse sich als außerordentlich hilfreich erwiesen. Mrs. Mavis Batey, die Präsidentin der Garden History Society, informierte mich umfassend über die Pflanzen, die zur Zeit Jane Austens bekannt und beliebt waren. Selbstverständlich konnten wir von den Hausbesitzern, in deren Gärten wir filmten, nicht erwarten, daß sie alle Pflanzen entfernten, die erst im 20. Jahrhundert eingeführt wurden. Doch gröbste Anachronismen ließen sich vermeiden. Chris Nicholson vom National Trust unterrichtete mich über die verschiedenen Kutschentypen und die Zahl der Postillione und Lakaien, die mitfuhren. Außerdem erklärte er mir das System, nach dem die Postkutschen Orte im gesamten Land miteinander verbanden. Und Julian Litton vom Victoria and Albert Museum schließlich war in der Lage, genaue Angaben zur Dekoration des Altars in der Hochzeitsszene zu machen. Meine Frage, ob man damals auch Silberleuchter benutzt haben könnte, ließ ihn erschauern – das wäre offenbar ein furchtbarer faux pas gewesen.

Simon wollte, daß die Bennet-Schwestern nicht nur herumsaßen und Stickereien anfertigten, sie sollten sich auch ein wenig bewegen. Also bat er mich herauszufinden, womit man sich im frühen 19. Jahrhundert, abgesehen vom allgegenwärtigen Kartenspiel, die Zeit vertrieb. Wie sich herausstellte, erfreute sich unter anderem Mikado großer Beliebtheit, das mit geraden und hakenförmigen Stäbchen aus Bein gespielt wurde. Außerdem war das Buchstabenspiel populär, eine Vorform des Scrabble, sowie ein Spiel mit dem großartig klingen Namen Bilbocatch, das auch als Fangbecherspiel bekannt ist. Ein Gesellschaftsspiel, das besonders lustig gewesen sein dürfte, heißt »Kugelpudding«. Dabei wird eine Puddingkugel auf einen kleinen Berg aus Mehl gelegt, der dann reihum von jedem Mitspieler allmählich abgetragen werden muß. Derjenige, der die Puddingkugel vom Mehlberg gleiten läßt, muß sie mit dem Mund aufnehmen und dabei unweigerlich sein Gesicht in das Mehl tauchen. Jane Austens Nichte Fanny Austen Knight mochte dieses Spiel besonders gern.

Großen Spaß hat mir auch gemacht, die im 19. Jahrhundert geltende Etikette für den Ballsaal in der Bücherei des Cecil Sharpe House zu recherchieren. Ich hatte eine ganze Reihe von Fragen zu klären. Ob man zum Beispiel Tanzkarten hatte oder bei einem Ball den Gästen ein komplettes, mehrgängiges Essen serviert wurde. Die Bibliothek verfügt über eine Sammlung von Taschenkalendern aus dem frühen 19. Jahrhundert, hübschen in Leder gebundenen Büchlein für die Dame, in denen man allerlei nützlichen Informationen begegnet, wie die Streckenpreise der Londoner Lohnkutschen und Porträts der europäischen Herrscher. Darunter fand ich auch einen Ballsaalführer, in dem genau beschrieben wird, wie eine Gastgeberin einen Ball ausrichten sollte – wieviel Musiker sie braucht, welches Essen sie servieren soll, mit welchen Damen ein Herr zu tanzen hat, um der Etikette zu genügen, und vieles

Zeitgenössische Darstellung einer im 19. Jh. mit Stöckchen gespielten Variante des Wurfscheibenspiels.

mehr. Unter anderem erteilt der Autor den nützlichen Rat, die Kerzen mit »bobeches« zu versehen, um zu verhindern, daß das Wachs auf die Gäste tropft. Ich bin sicher, daß es ihm viele Tänzer gedankt haben.

Es gab aber auch einige kompliziertere Fragen. Um herauszufinden, welche Schutzkleidung Imker zu der Zeit trugen, spürte ich einen äußerst charmanten Experten der Imkereigeschichte auf, Carl Showler. Er hatte die Antwort sofort parat: ein Hemd und einen schwarzen Schleier. Das Problem, ob Darcy einen Scheck oder einen Wechsel benutzt hätte, um Wickham zu bezahlen, ließ sich erst mit Hilfe des British Museum lösen. Und der exakte Zeitpunkt, von dem an der Gänsekiel durch die Metallfeder ersetzt wurde, war nicht leicht herauszufinden (die Metallfeder wurde um 1830 eingeführt). Und trotzdem, gerade diese schwierigen Fragen stellten eine große Herausforderung dar, und es war äußerst befriedigend, am Ende auf jede eine Antwort zu finden.

Für die Hochzeitsszene wurden vierzig Statisten zur Unterstützung benötigt.

REGIEASSISTENTEN: Pip Short, Amanda Neal, Melanie Panario, Simon Bird, Anne-Marie Crawford, Sarah White

Normalerweise wird eine solche Produktion von einem ersten, einem zweiten und zwei dritten Regieassistenten begleitet. Während der Pre Production ist es ihre Aufgabe, sämtliche Statistenrollen zu besetzen. Gemeinsam mit dem Regisseur gehen sie Szene für Szene das Drehbuch durch und notieren, wieviel Statisten gebraucht werden und wie sie aussehen sollten.

Da die Dreharbeiten an verschiedenen, über das ganze Land verstreuten Orten stattfanden, bot es sich an, Leute aus der nahen Umgebung für die Statistenrollen zu gewinnen. Statisten aus London mitzubringen, wäre viel zu teuer gewesen. Doch dieses Verfahren hatte zur Folge, daß Melanie Panario Unmengen von Fotos durchsehen mußte, die ihr von Agenturen aus dem ganzen Land zugeschickt wurden. Man hätte es sich leichter machen und die Agenturen mit der Auswahl beauftragen können. Doch Simon bestand darauf, daß auch die Gesichter der Statisten ins 19. Jahrhundert passen mußten. Sobald die Besetzung der Statisten abgeschlossen ist, werden die Körpermaße und Fotos eines jeden einzelnen an die Kostüm- und Maskenbildner weitergegeben, die daraufhin mit ihren Vorbereitungen beginnen können.

Zudem ist es Aufgabe der Regieassistenten, das »Durchlesen« zu organisieren und die Proben zu besuchen. Während der Dreharbeiten sind sie vor allem für die Schauspieler zuständig. Sie organisieren deren Auftrittzeiten, kümmern sich darum, daß die Schauspieler zum Drehort und wieder zurück gelangen. Und schließlich müssen sie, wenn nötig, auch noch emotionale Unterstützung bieten.

David Bamber als Mr. Collins in zeitgenössischem Imker-Outfit.

PRODUKTIONSKOORDINATORIN: Janet Radenkovic

Der Produktionskoordinator hat die Funktion einer zentralen Vermittlungsstelle zwischen dem Produktionsteam und den Schauspielern. Zu meinen Aufgaben gehört es, die Hotelzimmer zu buchen, die wir während der Dreharbeiten brauchen (und auch wieder umzubuchen, wenn es Änderungen im Drehplan gibt). Außerdem kümmere ich mich um Mietwagen, die notwendigen Genehmigungen, wenn Kinder mitspielen, die ärztliche Versorgung sowie Medikamente und sämtliche Versicherungen. Ich verteile die Einsatzpläne mit den Namen der Schauspieler und Teammitglieder, mache Drehbuchänderungen und die Pläne zur Verlegung der Produktion an einen anderen Drehort bekannt und sorge dafür, daß die Muster auf schnellstmöglichem Weg per Kurier in die Labors gelangen. Außerdem bin ich die einzige, die Zugang zu den Geburtsdaten aller an der Produktion Beteiligten hat – deswegen kümmere ich mich auch um die Geburtstagstorten!

PRODUKTIONSSEKRETÄRIN: Julia Weston

Die Produktionssekretärin gehört von Anfang an zum Team. Sie muß ein gut funktionierendes Büro aufbauen und steht in der Besetzungsphase in dauernder Verbindung mit den Agenten und Schauspielern, während sie zugleich Drehbücher und Kontaktadressenlisten verschickt.

Sobald die Dreharbeiten für *Stolz und Vorurteil* begannen, zog das ganze Team zum Set um und ließ mich allein zurück, um die Stellung zu halten. Täglich gingen unzählige dringende Anrufe ein, auf die sofort reagiert werden mußte, während die Produktion häufig nicht zu erreichen war! Von Zeit zu Zeit ließ man mich »raus«, um am Drehort mitzuhelfen. Ich kutschierte Schauspieler durch die Gegend, fuhr Kostüme und Requisiten hin und her, spielte die Gouvernante, um sicherzugehen, daß die Schauspieler ihre Regenhüte trugen, wenn sie ausgingen, assistierte auch um 5 Uhr früh dem Location Manager und versteckte mich sogar im Gebüsch, um Schauspielern zu soufflieren.

Etwa fünf Monate dauerten die Dreharbeiten mit all ihren Unwägbarkeiten. Es war also empfehlenswert, sich eine gewisse Flexibilität zu erhalten, vor allem im Umgang mit der Presse und der Abteilung für Öffentlichkeitsarbeit. Dann verließ ein Großteil der Crew das Schiff, und die Stammannschaft kehrte für die Nachbereitung nach London zurück. Gerade als sich ein geregelter, wenn auch geschäftiger Arbeitsrhythmus eingependelt hatte, erhielt die Produzentin den Auftrag, ein Buch über die Entstehung der Serie zu schreiben, so daß mehr Arbeit denn je anfiel. Insgesamt dauerte die Verfilmung, von der Vorbereitung bis zum fertigen Produkt, mehr als ein Jahr. Es war eine frustrierende und zugleich lohnende Zeit, ermüdend und doch auch entspannend. Und obgleich es Tage gibt, an denen man sich fragt, warum man das alles macht, ist diese Arbeit alles in allem doch äußerst interessant und angenehm.

Kapitel 3

PRODUKTIONSDESIGN

DESIGN: Gerry Scott

Das Fundament

Sue gab mir die Drehbücher kurz vor Weihnachten 1993, und ich machte mich im Januar 1994 an die Arbeit. Mir blieben also bis zum Beginn der Dreharbeiten fünf Monate Zeit, um mich vorzubereiten. Ich hatte vierundzwanzig, teilweise sehr große Häuser zu finden, in denen wir filmen konnten. Außerdem mußte ich acht Studiosets entwerfen und errichten. Der ganze Januar verging mit Planungen. Ich führte zahlreiche Gespräche mit Sue und Simon, um herauszufinden, was sie sich vorstellten, arbeitete gemeinsam mit dem Associate Producer an der Budgetierung und fing an, mit Sam auf die Suche nach geeigneten Drehorten zu gehen. Im Februar begann dann die Zusammenarbeit mit der Ausstattungsabteilung.

Unsere Hauptaufgabe ist es, das Fundament für die Produktion zu legen. Folglich müssen wir bei allen zu treffenden Entscheidungen auch die Arbeitsbereiche der anderen Abteilungen im Auge haben. Es hat wenig Zweck, wenn ich ein Haus finde, das ich für die perfekte Kulisse halte, der Kameramann es aber nicht ausleuchten kann, es zu klein ist, um die komplette Filmcrew aufzunehmen, die Miete so hoch, daß wir sie nicht bezahlen können, oder Tonaufnahmen unmöglich sind, weil es neben einer Autobahn steht.

Im wesentlichen habe ich mit meinem Job dem Text und seiner schauspielerischen Umsetzung zu dienen. Das bedeutet sehr viel harte Arbeit, von der im fertigen Produkt, dem Film, allerdings nichts mehr zu sehen sein darf. Es gehört zur Ironie meines Berufs, daß die Kulisse so überzeugend wirken muß, daß die Zuschauer erst gar nicht auf die Idee kommen, sie könnte nicht echt sein.

Historische Genauigkeit

Jeder Autor zeichnet in seinen Büchern das Porträt einer bestimmten Welt, und es ist unsere Aufgabe, diese Welt nachzubilden und dem Publikum zugänglich zu machen. Obwohl ich dafür eintrete, historisch so korrekt wie möglich zu arbeiten, bin ich andererseits auch nicht bereit, mich dem Diktat der Genauigkeit sklavisch zu unterwerfen. Es ist wichtig, daß man einen Einblick erhält, wie die Menschen um das Jahr 1813 lebten, aber unsere Filme sind keine wissenschaftlichen Studien dieser Zeit. Viel wichtiger ist es, den Geist der Epoche einzufangen. Selbst wenn uns alle Zeit und alles Geld der Welt zur Verfügung stünden, könnten wir doch kein hundertprozentiges Abbild liefern, denn viele Dinge, die wir dazu benötigten, gibt es heute allenfalls noch in Museen. Deshalb verwenden wir so viele authentische Drehorte und Requisiten wie möglich, und was uns dann noch fehlt,

Gerry Scott.

Studioset für Lucas Lodge und einige Tapetenentwürfe.

bauen wir eben nach. Dabei versuchen wir den Geist der Epoche zu vermitteln. Dies kann durch ein Stoffmuster geschehen, das den Originalen ähnelt, oder durch eine Farbe, die die richtige Atmosphäre schafft.

DER FEINE UNTERSCHIED

Weite Passagen des Romans handeln von Klassenunterschieden und Geld. Daher bestand ein wichtiger Teil unserer Aufgabe darin, die unterschiedlichen sozialen Schichten herauszuarbeiten. Beinahe jedes Mal, wenn eine Figur vorgestellt wird, erfährt man auch etwas über ihr Einkommen. So hören wir zum Beispiel, daß Bingley über vier- bis fünftausend Pfund im Jahr verfügt, daß Darcy zehntausend Pfund und ein großes Anwesen in Derbyshire besitzt und Lady Catherines neue Fenster achthundert Pfund gekostet haben.

Es gibt viele Möglichkeiten, um dem Zuschauer diese Unterschiede deutlich zu machen. Das Essen und die Mahlzeiten beispielsweise, die man auf dem Bildschirm sieht, spiegeln die Einkommensstufen der einzelnen Haushalte wider. Und obgleich der Zuschauer in jedem der gezeigten Häuser ein Klavier oder einen Flügel entdecken kann, wird ihm nicht entgehen, daß das beste und teuerste Instrument in Pemberley steht (es ist ein Geschenk Darcys an Georgiana) und das billigste in Longbourn.

In ähnlicher Weise nahmen wir auch eine Abstufung bei den Kutschen vor, es gibt hochherrschaftliche, repräsentative Gefährte und welche zum reinen Gebrauch. Die reicheren Familien verfügen über die eleganteren Kutschen, die von vier anstatt zwei Pferden gezogen werden. Vor Darcys Kutsche zum Beispiel gehen vier herrliche Braune. Damit wird das Bild eines Mannes vermittelt, der sozusagen der Liga der Anhänger teurer Sportwagen angehört. Lady Catherine dagegen stuften wir mit ihrer Kutsche eher in die Daimler-Klasse ein.

Es ist klar, daß ein Mann wie Darcy einige Pferde besitzen muß. Doch was für ein Pferd ein Schauspieler reitet und wie er darauf sitzt, steht auf einem anderen Blatt. Glücklicherweise ist Colin ein guter Reiter. Trotzdem wäre er zu einer ziemlich lächerlichen Figur geworden, wenn das Pferd nicht die richtige Größe für ihn gehabt hätte. Deshalb haben wir die Pferde für jeden Schauspieler sorgfältig ausgesucht und dem auf der höchsten gesellschaftlich Stufe Stehenden auch das edelste Tier gegeben.

Die Equipage von Lady Catherine de Bourgh.

AUTHENTISCHER DREHORT ODER STUDIO

Unser Ziel war es, so oft wie möglich Aufnahmen an authentischen Drehorten zu machen, da die Landschaft Englands eine entscheidende Rolle im Film spielt. Dennoch gibt es Situationen, in denen man besser im Studio dreht. Zum einen ist klar, daß man einige Räumlichkeiten nie so vorfinden wird, wie man sie sich vorstellt. Und zum anderen gibt es Sets, an denen man auch über einen längeren Zeitraum arbeiten will. Dann ist es unter Umständen günstiger, die Räume im Studio nachzubauen. Das gleiche gilt im übrigen für sehr kurze Szenen mit wenig beziehungsweise unkomplizierten Kulissen. Diese Sets lassen sich häufig im Studio nebeneinander aufbauen, so daß die einzelnen Szenen sehr rasch und ohne großen Aufwand gedreht werden können. Auf diese Weise umgeht man den umständlichen Transport der gesamten Ausrüstung und spart zudem noch Geld.

Blick hinter die Kulissen: Eine Fischerhütte in Ramsgate.

PLANUNG DER STUDIOSETS

Studiokulissen zu entwerfen liebe ich geradezu. Etwas vollkommen Neues zu erschaffen ist wahnsinnig spannend. Als erstes gehe ich das Drehbuch durch und suche alle Szenen heraus, die in ein und demselben Set spielen. Dann fertige ich Skizzen an, wie jede Aufnahme aussehen könnte. Wichtig sind vor allem die Größenverhältnisse. Man muß wissen, wie die Figuren in Relation zueinander aussehen werden, um die Größe des Raumes und die Positionen der Beleuchtung bestimmen zu können.

Lambton Inn: fertige Innendekoration.

Links: Zimmer in Lacock Abbey, das als Modell für den Raum in der Poststation diente.
Mitte: Das Set im Aufbau (oben) und das fertige Set (unten) mit den dem Original nachempfundenen Fenstern (rechts).
Rechts: Die Fenster in Lacock Abbey.

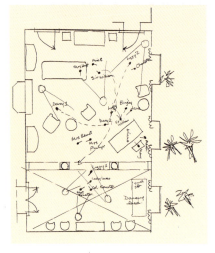

Lambton Inn: Entwürfe für das Set und Aufnahmeplan des Designers.

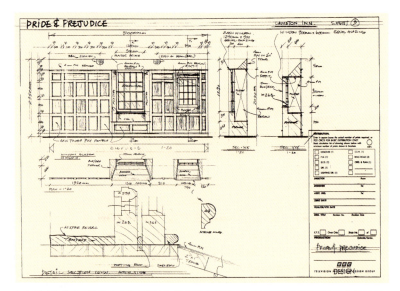

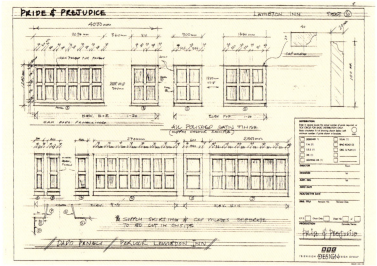

Dann mache ich einen Plan von den Bewegungen der Akteure im Raum. Regisseur und Schauspieler erarbeiten ebenfalls einen Bewegungsplan, doch um sicherzugehen, daß ich alle Vorgaben des Drehbuchs erfülle, ist es unabdingbar, daß ich selbst Szene für Szene genau analysiere. Es muß gewährleistet sein, daß die Möbel in den Raum passen und adäquat angeordnet sind. Erst dann lege ich fest, wo die Türen und Fenster angebracht werden, ganz zum Schluß kommen die Wände.

Bei einer kurzen und einfach zu filmenden Szene kann man in einer Kulisse arbeiten, die nur drei Wände hat. Das spart Geld, setzt zugleich aber auch dem Regisseur enge Grenzen. Deshalb werden vorrangig komplette Räume mit vier Wänden gebaut. In manchen Fällen werden sie so konstruiert, daß Teile der Wände entfernt werden können, um dem Kamerateam mehr Platz zu bieten. Desgleichen lassen sich Decken über dem Raum absenken, falls der Aufnahmewinkel der Kamera nach oben weist. Auf diese Weise wird verhindert, daß man Teile des Studiosets sieht.

Die Anfertigung der Skizzen ist Aufgabe des künstlerischen Leiters Mark Kebby. Allein für die Verfilmung von *Stolz und Vorurteil* fertigte er einhundertachtzig Zeichnungen und Modelle an. Diese wurden dann von Barry Moll, dem Chef-Bühnenbildner, an die einzelnen Werkstätten weitergegeben, die die Kulissen bauten. Mark und Barry haben dafür Sorge zu tragen, daß die Werkstätten sich bis ins letzte Detail an die Spezifikationen der Entwürfe halten und Zeitplan und Finanzrahmen eingehalten werden. Jedes Scharnier, jedes Ornament, jedes Stück Holz ist genau vorgegeben, nichts wird dem Zufall überlassen. Sobald die Kulissen errichtet sind, beginne ich mit dem Streichen und Tapezieren.

DER ENTWURF DES FESTSAALS VON MERYTON

Entscheidend ist vor allem die Herstellung der richtigen Atmosphäre. Vorbild für meinen Entwurf waren die Festsäle von Stamford, die zu den ältesten Englands gehören. Obwohl man sich alle Mühe gegeben hat, sie elegant zu gestalten, haftet ihnen etwas Ländliches an. Mit den großartigen Räumlichkeiten in Bath sind sie nicht zu vergleichen. Die Festsäle waren in jeder Stadt unterschiedlich groß, die später errichteten sind für gewöhnlich geräumiger. Für das Jahr 1813 hatten wir also einen Saal von mittlerer Größe vor Augen.

Auf das Motiv für die Hauptstraße von Meryton waren wir ja bereits in Lacock gestoßen. Hier mußten wir folglich auch nach einem geeigneten Raum suchen. Lediglich ein einziges Gebäude in dem Ort hat die Maße, die erforderlich sind, um einen Festsaal zu beherbergen, der Red Lion Pub. Unglücklicherweise verfügt das Haus nicht über einen großen Raum, den wir hätten nutzen können. Also beschlossen wir, nur die Fassade des Red Lion zu filmen und den eigentlichen Saal im Studio nachzubauen.

Dabei waren viele Dinge zu bedenken. Mit der Choreographin Jane Gibson sprachen wir über die Zahl der Tänzer und informierten uns, wieviel Platz sie benötigten. Simon wollte, daß die Gäste des Balls am Ende des Saals an Tischen saßen und an den Wänden Stühle für Zuschauer aufgestellt werden sollten. Wir waren uns darüber einig, daß der Saal schmal und langgestreckt sein müßte, und konstruierten ihn deshalb so, als ob er von der Vorder- bis zur Rückseite des Hauses reicht. Die Fassade legte allerdings nahe, daß die Decken im Haus niedrig sind. Also stellten wir uns vor, daß das Gebäude ursprünglich nicht erbaut wor-

Zwei der dreiwändigen Sets: Wickhams Zimmer in Newcastle und in London.

Fußböden für Studioaufnahmen aus Holz (links) und bemaltem Linoleum.

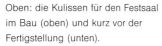

Oben: die Kulissen für den Festsaal im Bau (oben) und kurz vor der Fertigstellung (unten).
Rechts: Mark Kebbys Entwurf für den Festsaal.

Der Red Lion Pub in Lacock, dessen Fassade für den Festsaal genutzt wurde.

den war, um einen Ballsaal zu beherbergen, sondern eine Gaststätte, in der erst später die Decke zwischen Erdgeschoß und erstem Stock entfernt worden war, um einen hohen Raum mit einer breiten Fensterfront zu schaffen. Dadurch erhielten wir einen Saal, der groß genug war, um die Anzahl von Menschen zu fassen, die wir für die Szenen benötigten und zugleich zu der Fassade des Red Lion paßte.

DER AUFBAU LONGBOURNS

Longbourn, das Haus der Bennets, war der Ort, an dem wir ein Großteil der Aufnahmen machten. Acht Wochen lang filmten wir dort in verschiedenen Räumen. Die bedeutendste Rolle hatte dabei der Salon, in dem die meisten Szenen spielen. Laut Drehbuch brauchten wir außerdem ein Eßzimmer, eine Eingangshalle, ein Arbeitszimmer für Mr. Bennet, Schlafzimmer für die Mädchen und Mrs. Bennet sowie eine Treppe und Korridore.

Um das Haus für unsere Zwecke umzugestalten, zogen drei Wochen vor Beginn der Dreharbeiten Mark und Barry mit einem Team aus zwei Tischlern und mehreren Malern dort ein. Sam organisierte den Umzug von Mrs. Horn, der Besitzerin, in einen anderen Flügel des Gebäudes und sorgte dafür, daß ihre Möbel und die Zentralheizung entfernt wurden. Die Heizungsanlage war recht altmodisch, mit dicken Rohren und großen Heizkörpern, so daß wir keine Möglichkeit sahen, sie zu kaschieren. Dann wurde die gesamte Elektrik, Kabel, Deckenlampen, Schalter und Steckdosen entfernt und die Teppiche aufgerollt.

Zudem mußten einige Umbauten vorgenommen werden. Im Eßzimmer entfernten wir die Deckenverkleidung und schlossen die Durchreiche zur Küche. In den Schlafzimmern wurden die Waschbecken abmontiert und provisorische Wände und Kamine aufgestellt, um die Einbauschränke zu verkleiden. Sobald die Zimmer ausgeräumt und gereinigt waren, begannen wir mit dem Tapezieren.

Gleichzeitig fanden auch Arbeiten außerhalb des Hauses statt. Am Gewächshaus wurden die Türen ersetzt, da sie nicht ins frühe 19. Jahrhundert paßten. Außerdem hatten wir sämtliche Stalltüren zu verkleiden. Auch das Dach mußte teilweise neu eingedeckt werden, wofür wir einen Dachdecker aus der Gegend engagierten, der darauf spezialisiert ist, mit verwitterten Steinen zu arbeiten.

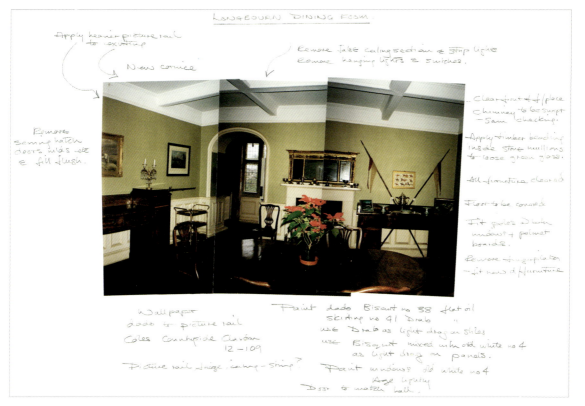

Foto des Eßzimmers in Luckington Court mit Anmerkungen des Designers zu den für die Dreharbeiten notwendigen Veränderungen.

Prinzipiell stellen wir, sofern irgend möglich, zur Unterstützung der Bühnenbildner ortsansässige Handwerker ein. Der Garten mußte teilweise neu bepflanzt werden. Allerdings ist dies ein Bereich, auf den die Besitzer häufig äußerst sensibel reagieren, weil sie ihre Gärten mit viel Hingabe anlegen und pflegen. Es ist kein Problem, die Wände eines Zimmers wieder in ihren ursprünglichen Zustand zu versetzen, eine Gartenanlage wiederherzustellen ist wesentlich schwieriger.

Wir zogen Lynn Hoadley zu Rate, eine Gartenspezialistin aus der Gegend, die schon oft für den Film gearbeitet hat. Sie ging mit Mrs. Horn durch ihren Garten und erklärte ihr, welche Pflanzen wir ersetzen mußten. Mrs. Horn war sehr kooperativ, und so verschwanden die rotblühenden fleißigen Lieschen und wurden durch altmodische Margeriten ersetzt. Einige Pflanzen allerdings wollte sie nur äußerst ungern entfernen lassen, also mußten wir versuchen, sie nicht mit ins Bild zu bekommen.

AUSWEICHMÖGLICHKEITEN BEI SCHLECHTEM WETTER

Einen Großteil der in Longbourn spielenden Szenen hatte Andrew Davies nach draußen verlegt. Sie sollten im Garten und der näheren Umgebung des Hauses gedreht werden. Das beinhaltete ein gewisses Risiko, da bei schlechtem Wetter Dreharbeiten unmöglich werden können.

Also wurde beschlossen, ein zusätzliches Zimmer einzurichten, in dem bei Regenwetter jederzeit gefilmt werden konnte. Zu diesem Zweck verwandelten wir einen kleinen Lagerraum hinter dem Eßzimmer in eine »Vorratskammer«, wo Jane und Elizabeth zum Beispiel Blumen zum Trocknen aufhängen oder Rosen-

Jane in der Vorratskammer.

Musterproben von Tapeten und Farben.

Requisitenfundus.

wasser herstellen und ein Gespräch unter vier Augen führen konnten. Clare Elliott grub alte Rezepte für Kosmetika aus, die junge Mädchen in jener Zeit herstellten, und wir bauten die notwendigen Requisiten nach.

Dabei bestand allerdings die Gefahr, daß ein Zimmer, in dem Lavendel zum Trocknen hängt und Schüsseln mit Rosenblättern auf dem Tisch stehen, schnell nach »Laura Ashley« aussieht. Seitdem sich die Werbung historischer Klischees bedient, muß man vor allem bei der Produktion von Kostümfilmen darauf achten, daß die Kulissen nicht zu makellos und unecht erscheinen. Das ist deshalb bedauerlich, weil dieses Zimmer in der Tat genau so hätte aussehen müssen wie in der Werbung.

FARBEN

Zu Beginn des 19. Jahrhunderts war praktisch jede Farbe erhältlich, doch einige waren natürlich beliebter als andere. Die Menschen zogen gedämpfte den kräftigen Farben vor: Schattierungen von Blaugrün, verschiedene Grautöne, viele Abstufungen von Dunkelgrün. Derek Honeybun, unser Maler, stand vor der Aufgabe, mit Farben die verschiedensten Oberflächen nachzubilden, darunter Ziegel, Stein und Marmor, und sie auch noch überzeugend »altern« zu lassen. Auf der Grundlage seiner Beobachtung natürlicher Alterungsprozesse ist er in der Lage, diesen Effekt hervorragend zu reproduzieren.

An und für sich waren Tapeten und Wände der meisten Häuser zu Beginn des 19. Jahrhunderts eher hell gehalten. Auch hier herrschten weiche Farben vor: Weiß, Creme oder Limone. Daraus ergab sich das Problem, daß sich die weißen Musselinkleider nicht genug vom Hintergrund der Wände abheben würden. Der Effekt wären »schwebende« Köpfe und Hände gewesen. Wir beschlossen dennoch, den Salon in Longbourn in blassen, schlichten Farben auszugestalten, um deutlich zu machen, daß die Bennets nicht anmaßend sind.

Die kräftigen, satten Farben hob ich für die Häuser auf, die dem Zuschauer wahrhaft luxuriös erscheinen sollten. In Rosings benutzen wir ein dunkles Jadegrün und Gold. Wenn es jemanden gab, der es wagte, sein Haus in derart starken Farben zu dekorieren, kam für mich nur eine Figur wie Lady Catherine in Betracht. Lucas Lodge verlieh ich mit verschiedenen Rot- und Goldtönen etwas Majestätisches, um so den gesellschaftlichen Ehrgeiz der Familie zu unterstreichen und zugleich auf Sir Williams ständige Erwähnung des Hofs von St. James anzuspielen. Im Gegensatz dazu mußte Pemberley einen exquisiten Geschmack demonstrieren. Obgleich es das größte Haus ist, sollte es natürliche Eleganz ausstrahlen. Darcys Familie steht seit Generationen an der Spitze der sozialen Hierarchie und hat es mithin nicht nötig, durch Äußerlichkeiten zu beeindrucken. Die Zimmer des Hauses waren ohnehin in sanften Farben gehalten – blaßrosa, austern- und cremefarben – und entsprachen damit genau meinen Vorstellungen.

STOFFE, TEPPICHE, GESCHIRR

Die passenden Stoffe und Teppiche für einen Kostümfilm zu finden, kommt einem Alptraum gleich, da nur wenige Originalstücke erhalten sind und ihr Preis das Budget einer Filmproduktion für gewöhnlich übersteigt. Außerdem ist es in vielen Fällen schwierig, solche Dinge wie beispielsweise Geschirr in den erforderlichen Mengen aufzutreiben. Normalerweise wird man also ein komplettes neues

Service kaufen, das einem alten Muster nachempfunden ist. Die Kunst dabei ist, abschätzen zu können, wieviel Freiheit man sich erlauben darf.

Stoffe für Vorhänge und Gardinen bedrucken zu lassen, ist zu teuer. Andererseits findet man nur selten alte Stoffe in der ausreichenden Menge, die noch dazu in Stil und Farbe zueinander passen. Also kaufte Marge Pratt, die Innenrequisiteurin, Stoffe, die im Design denen des frühen 19. Jahrhunderts ähnelten, und ließ alle Vorhänge nähen.

Vorhänge für das Haus von Mrs. Phillips.

REQUISITEN

Die richtigen Möbelstücke zu organisieren, ist weniger schwierig, da es eine Reihe von Firmen gibt, die sich auf das Verleihen von Requisiten aus verschiedenen Epochen spezialisiert haben: historische oder zeitgenössische Möbel, Gemälde, Bestecke oder Lampen und Leuchten. Wenn zur gleichen Zeit noch andere Kostümfilme gedreht werden, kann es allerdings schon einmal vorkommen, daß ihre Lager leer sind. Marj und Sara Richardson, die für die Beschaffung der Requisiten verantwortlich waren, hatten jedes einzelne Zimmer nicht nur mit den entsprechende Vorhängen und Teppichen auszustatten, sondern auch mit Gemälden, passenden Türen, Möbeln, Spiegeln, Kaminrosten und vielem anderem mehr. Und alles mußte in mühseliger Kleinarbeit zusammengesucht werden. Wenn sie in einem Requisitenlager einen Tisch fanden, dann stießen sie in einem anderen vielleicht auf die dazu passenden Stühle. Die Folge ist, daß man für gewöhnlich die Innenrequisiten in ihrer Gesamtheit erst zu Gesicht bekommt, wenn sie am Set eintreffen.

SPIELREQUISITEN

Unter Spielrequisiten versteht man Gegenstände, die einer bestimmten Figur zugeordnet sind. Im Fall der Bennet-Mädchen überlegten wir uns kleine Beschäftigungen, um den Charakter jeder einzelnen Person zu unterstreichen. Bei Jane Austen heißt es, daß die Mädchen weder im Zeichnen unterrichtet noch zum Kochen angehalten werden. Viele Szenen, in denen alle nur herumsitzen und miteinander reden, wollten wir jedoch vermeiden.

Also überlegten wir uns, daß Jane, die vernünftigste und ruhigste der Schwestern, auch die einzige sein sollte, die sich mit einer wirklich nützlichen Tätigkeit beschäftigt wie dem Stopfen von Leinenhemden und Unterröcken. Weil die Figur dem Roman nach zu urteilen über die notwendige Geduld verfügt, gaben wir ihr auch eine komplizierte Stickerei in die Hand, die zu jener Zeit in Mode war. Elizabeth wurde mit Briefen und Büchern versehen. Mary spielt Klavier und vertieft sich in das Studium ernster Predigten. Lydia und Kitty ordneten wir eine ganze Reihe von Gegenständen zu – Hauben, Bänder, Federn und Leim für Bastelarbeiten aus Papier. Wir stellten uns vor, daß die beiden mit Vorliebe ein großes Durcheinander veranstalten, um dann alles stehen und liegen zu lassen und sich etwas Neuem zuzuwenden.

Dekorations- und Möbelstoffe.

ESSEN IM FILM

Das gesellschaftliche Leben jener Zeit war oft mit Essen und Trinken verbunden. Zu Dinnerparties zu gehen und selbst Einladungen zum Essen auszusprechen, gehörte zu den wichtigsten Ritualen. Eine Tasse Tee war das mindeste, was man einem Besucher anbot. Mrs. Bennet ist stolz auf ihre gut geführte Küche und rühmt sich einer Suppe, die »fünfzig Mal besser ist als bei den Lucas«. Trotzdem hat sie Bedenken, Bingley und Darcy spontan zum Abendessen im Familienkreis einzuladen, sondern bittet sie lieber zwei Tage später zu einem offiziellen Essen, bei dem sie dann so erlesene Dinge wie Rebhuhn und ein großes Stück Wildbret, »am Spieß gebraten« kredenzt. Wenn Elizabeth vormittags Miss Darcy einen Besuch in Pemberley abstattet, werden ihr »wunderschöne Pyramiden von Trauben, Nektarinen und Pfirsichen« angeboten, was darauf hinweist, daß das Anwesen über große Gewächshäuser und eine Reihe von Gärtnern verfügt.

»Die Mahlzeiten sahen atemberaubend aus. Doch nach drei Drehtagen brauchten sie genauso viel Make-up wie manche der Schauspieler. Ich war froh, daß ich sie nur servieren mußte!« (Neville Phillips)

Szenen, in denen Mahlzeiten eingenommen werden, sind besonders kompliziert. Wenn eine Szene mehrmals wiederholt werden muß, müssen die Schauspieler immer wieder dieselben Nahrungsmittel zu sich nehmen, und das auch noch exakt in dem vom Drehbuch vorgegebenen Moment. Andernfalls gäbe es später beim Schneiden Probleme mit der Continuity.

Vor jeder Wiederholung einer Aufnahme muß der Tisch von Ron Sutcliffe und Mickey Booys, den Requisiteuren am Set, wieder so hergerichtet werden, wie er vorher aussah. Die Weingläser werden wieder aufgefüllt, außerdem werden frische Brötchen und noch nicht angeschnittener Käse auf den Tisch gebracht. Die Continuity ruft den Schauspielern in Erinnerung, was sie

*Gebratener Kapaun
auf einem Bett aus gehackter
Fleischfüllung
Flußkrebs
Hummer
Wildpastete
Gegrillte Wachteln
Geräucherter Schinken
vom Schwein
Gebratener Fisch
Eier vom Zwerghuhn
mit Kräutern
Verschiedene Gemüse und Salate
Exotische Früchte
Kuchen und Konfekt*

Das Abendessen in Netherfield.

»Bei der ersten Szene stellte man mir etwas vor die Nase, das aussah wie ein halbrohes Lamm. Als Vegetarierin hatte ich damit gewisse Schwierigkeiten. Deshalb wurde ich von da an vor den dekorativen Obsttellern plaziert.« (Lucy Briers)

während der Aufnahme gemacht haben, zu welchem Zeitpunkt sie zum Beispiel den Löffel zum Mund geführt oder eine Karotte zerschnitten haben. Wir hatten uns darauf geeinigt, wenn möglich beim Drehen nur den ersten oder letzten Gang einer Mahlzeit einzunehmen, da Suppe oder Pudding sich nicht nur leichter essen, sondern auch einfacher wieder herrichten lassen als zum Beispiel Lammkoteletts. Das heißt allerdings nicht, daß die Tische, die der Zuschauer zu sehen bekommt, nur kärglich gedeckt sind. Zur Zeit Jane Austens war es durchaus üblich, verschiedene Gänge zugleich auf den Tisch zu bringen. Alle Speisen mußten so aussehen, als ob sie mit den 1813 zur Verfügung stehenden Mitteln zubereitet worden waren. Ein vor offenem Feuer auf Stein gebackenes Brot weist beispielsweise Unregelmäßigkeiten auf, die bei einem mittels moderner Backverfahren hergestellten Brot nicht mehr vorhanden sind. Obst und Gemüse war in Form und Größe nicht so einheitlich wie unsere heutigen Treibhausprodukte. Für das Abendessen auf dem Ball in Netherfield baten wir unseren Koch Colin Capon, ein aufwendiges Essen für vierzig Personen herzurichten, das sich von den eher einfachen Speisen, die während des Festes in Meryton serviert werden, deutlich unterscheidet. Im Film sehen wir Ereignisse, die sich im Zeitraum von etwa einer halben Stunde abspielen, doch die Dreharbeiten für diese Szenen dauerten drei volle Tage. Es versteht sich von selbst, daß die Speisen jeden Tag frisch zubereitet werden mußten, und deshalb wurden alle Lebensmittel, die die Schauspieler zu sich nahmen, vor jeder Aufnahme erneuert. Doch die in der Mitte der Tafel aufgestellten dekorativen Speisen waren derart kompliziert in der Zubereitung, daß sie nicht angerührt werden durften. Sie wurden immer wieder verwendet. Selbst nachdem sie stunden- und tagelang im heißen Scheinwerferlicht gestanden hatten, mußten sie noch frisch und appetitlich aussehen. Am Ende eines jeden Drehtags wurden von den Tellern und Gläsern Polaroidaufnahmen gemacht, so daß man das Geschirr am nächsten Morgen genau so wieder herrichten konnte. Die Speisen, die auch am nächsten Tag auf dem Tisch stehen sollten, wurden über Nacht in den Kühlschrank gestellt und am Morgen mit parfümiertem Kräuteröl eingesprüht, um den Geruch zu überdecken, der am dritten Tag der Dreharbeiten nicht mehr zu ignorieren war!

»Die Bennets essen sehr häufig in diesem Film. Vor einer dieser Szenen fragte mich Ron, der Requisiteur am Set, was ich haben wollte, und ich sagte ihm, daß ich eine Vorliebe für Stachelbeercreme hätte, die er freundlicherweise dann auch für mich besorgte. Die Creme war so köstlich, daß ich mich während der ersten beiden Takes dieser Szene förmlich damit vollstopfte. Zwei Tage dauerten die Dreharbeiten, und ich kann Stachelbeercreme nicht einmal mehr sehen!« (Ben Whitrow)

VISUELLE EFFEKTE: Graham Brown und Mark Haddenham

Für *Stolz und Vorurteil* wurden eine ganze Reihe von visuellen Effekten benötigt, die vom Schein einer Kerze oder dem Glimmen eines Kaminfeuers bis hin zu den verschiedensten Wetterverhältnissen, darunter Regen, Schnee und Frost, reichten.

Die Kerzen erforderten größte Aufmerksamkeit, da sich in den meisten der Häuser, in denen wir filmten, begreiflicherweise Leuchter und Lampen befanden, die mit modernen elektrischen Fassungen versehen waren. Oft war es unmöglich oder sogar untersagt, diese zu beseitigen. Deshalb ließen wir Metallröhren in verschiedenen Größen anfertigen, die über die Fassungen gestülpt wurden. Um diese Röhren wie echte Kerzen aussehen zu lassen, wurde am oberen Ende ein Kerzenstummel und unten eine Tropfschale für das Wachs angebracht. Das ganze wurde dann mit hitzebeständiger Farbe bemalt und in Bienenwachs eingetaucht, um authentisch zu wirken. Diese »Kerzen« mußten während der Dreharbeiten ständig überwacht und die Kerzenstummel manchmal bis zu zehnmal am Tag erneuert werden.

Darüber hinaus stellten wir auch Attrappen für Fackeln und Argandlampen her, ein in jener Epoche häufig anzutreffendes Beleuchtungsmittel. Es handelt sich dabei um Vorläufer der modernen Paraffinlampen.

Schnee wurde früher entweder durch Feuerlöschschaum oder durch das noch umweltschädlichere Salz erzeugt. Beide Möglichkeiten verboten sich an den meisten Drehorten, so daß wir uns für Papier entschieden. Um den Effekt von Schnee zu erreichen, benutzt man relativ grobe Papierstückchen. Für Frost und Rauhreif dagegen, wie wir ihn in der Hochzeitsszene am Ende des Films brauchten, wird sehr feiner Papierstaub verwendet. Die Bereiche, die reifbedeckt aussehen sollen, werden mit einem feinen Wasserfilm übersprüht, über den dann der Papierstaub gelegt wird. Die Feuchtigkeit sorgt dafür, daß der Papierstaub gebunden wird und damit an Ort und Stelle bleibt.

Winter und Sommer trennt nur ein Schritt: Der künstliche Schnee bedeckt nur die Areale, auf denen gedreht wird.

Kapitel 4

KOSTÜME, MASKE UND FRISUREN

Die Kostümbildnerin Dinah Collin und die Maskenbildnerin Caroline Noble hatten sich bereits während der Pre-Production getroffen, um ihre Ansichten über das von ihnen recherchierte Material auszutauschen. Teamwork ist in dieser Phase der Vorbereitung äußerst wichtig, da die Bereiche Kostüm, Maske und Frisur nicht unabhängig voneinander bearbeitet werden können. So mußte beispielsweise gewährleistet sein, daß die Hüte und Kopfbedeckungen, die Dinah für die einzelnen Figuren vorgesehen hatte, mit den Perücken harmonierten, deren Anfertigung Caroline in Auftrag gegeben hatte. Während ihrer Recherchen trafen sich beide regelmäßig mit dem Regisseur und der Produzentin, um ihre Ideen vorzustellen und sich auf eine einheitliche Linie zu einigen. »Es gibt kaum eine Epoche, die so gut dokumentiert ist wie das klassische beziehungsweise romantische Zeitalter Jane Austens. Mich begeistert vor allem der Eindruck von Freiheit, der durch die Verwendung leichter, weicher Materialien vermittelt wird«, erklärt Simon Langton seine Vorstellung von der filmischen Umsetzung des Romans. »Ich wollte blasse Farben oder cremige Weißtöne für die Mädchen, um dadurch ihre Lebenslust und zugleich auch ihre Unschuld zu unterstreichen. Das bedeutete, daß wir die dunklen, satten Farben und exotischen Stoffe anderen Charakteren vorbehalten konnten, wie den Bingley-Schwestern oder Lady Catherine de Bourgh.«

KOSTÜME: Dinah Collin

Ich erhielt meinen Vertrag etwa acht oder neun Wochen vor Beginn der Dreharbeiten, doch inoffiziell hatte ich mit meinen Recherchen schon vorher begonnen. Sobald ich wußte, daß ich den Job bekommen würde, suchte ich verschiedene Museen auf und sammelte Abbildungen. Ich glaube kaum, daß ich die ganzen Vorbereitungsarbeiten in acht Wochen hätte bewältigen können.

In der Regel kann man bei einem Historienfilm auf einen Fundus von Kostümen zurückgreifen. Auch unter finanziellen Gesichtspunkten ist diese Lösung die beste, doch für unser Projekt war sie leider nicht praktikabel. Kostüme für die Zeit um 1850/60 waren zwar reichlich vorhanden, doch für das frühe 19. Jahrhundert schien es erschreckenderweise überhaupt nichts zu geben. Das bedeutete, daß ich den Großteil der Kostüme anfertigen lassen

Oben: Historische Vorbilder für die Frisuren.

Rechts: Lydia, Elizabeth und Jane tragen im Gegensatz zu den Bingley-Schwestern einfache Kleider.

Miss Bingley und Mrs. Hurst waren »von wirklich vornehmer Art ... aber stolz und eingebildet ... gewohnt, mehr auszugeben, als ihnen zustand« (Jane Austen).

mußte, was nicht nur sehr teuer, sondern auch sehr aufwendig ist, da ich gezwungen war, selbst auf die Suche nach geeigneten Stoffen zu gehen.

ERSTE RECHERCHEN

Ich rief eine Reihe von Museen an und stellte einen Arbeitsplan auf. Ich sah einige ganz vorzügliche Sammlungen in Bath, Brighton, Manchester und Worthing. Alison Carter aus Winchester und auch das London Museum erwiesen sich als außerordentlich hilfsbereit. Das Victoria and Albert Museum war damals bedauerlicherweise gerade geschlossen, doch dessen Expertin für Herrenbekleidung, Avril Hart, konnte mir einige sehr wertvolle Informationen geben. Sie erzählte mir, daß das Museum kurz zuvor in den Besitz eines Hausmantels gelangt war, gefertigt aus einem Stoff, den sie noch nie zuvor gesehen hatte. Diese Stoffart nennt sich »Partridge« – ein dunkel gemustertes, steifes Baumwollgewebe. Von

Mics Ringley: Mit Notizen versehener Entwurt des fortigen Kostüms und der Maske.

Cosprop, der Kostümschneiderei, mit der ich für gewöhnlich zusammenarbeite, erfuhr ich dann, daß sie vor einiger Zeit einen Mantel nach einer Vorlage von 1780 angefertigt hatten. »India«, der dafür verwendete Stoff, ähnelte dem, den mir Avril Hart beschrieben hatte. Nach dem Vorbild dieser beiden Kleidungsstücke fertigten wir schließlich einen langen Hausmantel für Mr. Bennet an.

Im Laufe meiner Nachforschungen fand ich zwar auch einige Kleidungsstücke aus der betreffenden Zeit, doch die meisten waren schon äußerst brüchig und zerschlissen. Eine ganze Reihe dieser Originalkleidungsstücke werden heute in sogenannten »Schauräumen« ausgestellt, was sich bei meinen Recherchen immer als außerordentlich nützlich erweist. Denn ohne diese Modelle, nach denen der Kostümbildner seine Skizzen anfertigt, wäre man ziemlich verloren. Daneben verfügen Museen und ähnliche Institutionen häufig über eine Unzahl von Kisten und Kartons mit Gegenständen, die zu katalogisieren oder registrieren noch niemand Zeit gefunden hat. Margaret Wicks zum Beispiel, die sich schon seit Jahrzehnten mit alten Kostümen beschäftigt, hat ein ganzes Haus voller Kleidungsstücke. Von ihr bekam ich ein kleines Hütchen aus Schwanendaunen und einen Kragen aus der Zeit um 1800. Nachdem ich Hunderte von Photographien der verschiedensten Kleidungsstücke gemacht hatte, war es natürlich besonders schön, auch einmal »echte« Sachen in der Hand halten zu können, die ich obendrein auch noch für die Dreharbeiten benutzen durfte.

Mrs. und Mr. Bennet. Er trägt einen Banyan-Mantel (oben), der nach einer zeitgenössischen Zeichnung (unten) gearbeitet wurde.

STOFFE

Man muß davon ausgehen, daß um das Jahr 1813 in einer Familie wie der der Bennets alle Kleidungsstücke im Haus angefertigt wurden, und zwar nach Schnittmustern, die die Familien, Freundinnen und Nachbarinnen untereinander austauschten. Nach Simons Vorgabe sollten die Kleider einen hellen, frischen und leichten Eindruck machen. Mir war klar, daß ich die in Frage kommenden Stoffe kaum bei John Lewis oder in indischen Stoffläden finden würde. Schließlich machte jemand den Vorschlag, ich sollte mich mit Amy Caswell in Verbindung setzen, die gerade einen Lehrgang über Stoffdruck und Färben an der School of Art, Design and Textiles in Bradford besucht hatte. Nicht nur sie war gerne bereit, mir zu helfen, sondern auch die Leiterin der Schule zeigte großes Interesse an meiner Arbeit. Sie ist selbst eine begeisterte Leserin der Romane Jane Austens und bot uns an, die in der Schule vorhandenen Einrichtungen zum Stoffdruck zu nutzen. In der Praxis erwies sich dies jedoch als recht umständlich, da ich ständig zwischen der Kostümschneiderei Cosprop im Norden Londons und dem College in Bradford hin und her pendeln mußte.

Druckmuster zu entwerfen ist ein außerordentlich komplizierter Vorgang. Man kann sie nicht einfach kopieren, denn weicht man nur etwas in den Farben ab, hat man schon den Gesamteindruck zerstört. Andererseits sollten die Muster der Stoffe auch nicht zu einfach wirken, weil das zu einer Figur wie Mrs. Bennet nicht gepaßt hätte. Für sie hatten wir aufwendigere Muster im Auge. Wir litten wahre Höllenqualen, bis die Stoffe so aussahen, wie wir sie uns vorgestellt hatten. Noch dazu standen wir unter Zeitdruck, schließlich mußten die Kostüme bis zur Anprobe fertig sein. Ich erinnere mich noch gut daran, welche Schwierigkeiten wir mit einem Stoff hatten, der für ein Kleid von Mrs. Bennet gedacht war. Der Druck wollte und wollte einfach nicht gelingen, bis wir schließlich den ganzen Stoff in einen Bottich mit blasser Farbe tauchten und ein passables Ergebnis erhielten.

Amys Musterentwürfe folgten verschiedenen Vorbildern. So ließ sie sich zum Beispiel in dem ausgezeichneten Fachgeschäft »Rainbow Textiles« in Bradford inspirieren, das eine ganz erstaunliche Auswahl der schönsten Stoffe bereithält. Außerdem entdeckten wir einige besonders schöne, mit Bordüren besetzte Baumwollsaris. Wir kopierten das Muster für eines der Kleider von Kitty, indem wir es auf Stoff druckten, den wir anschließend blaßblau einfärbten.

Musselinkleider waren zu Beginn des 19. Jahrhunderts ein wichtiger Bestandteil jeder Mädchen- und Damengarderobe. Während tagsüber häufig bunt bedruckte, sogenannte »Waschkleider« getragen wurden, galten diese für den Abend oder etwa für Besuche als unangemessen. Zu solchen Gelegenheiten zog man ein Musselinkleid mit einem andersfarbigen Unterrock an. Die Frage, wie wir diese Kleider schneidern sollten, versetzte mich in leise Panik, da nicht einmal ein Geschäft wie »Rainbow Textiles« Musselindrucke anbot. Doch dann kam Amy auf die Idee, die Muster direkt auf den Musselin zu drucken. Sie fotokopierte verschiedene Muster, die sie in der Fachliteratur gefunden hatte, und wir wählten für jeden Charakter einige passende aus, bevor wir den Musselin damit bedruckten. Der Nachteil dieser Methode besteht darin, daß wir die Stoffe nicht mehr heiß bügeln konnten, da sonst die Farbe ausgelaufen wäre. Doch das Endergebnis rechtfertigte durchaus unsere Mühen.

DIE ENTWICKLUNG EINES NATÜRLICHEN »LOOKS«
Wir waren uns alle darüber einig, daß die Kostüme der einzelnen Charaktere so natürlich wie möglich aussehen sollten, und ich legte größten Wert darauf, sie nicht künstlich oder aufgesetzt wirken zu lassen. Um das zu erreichen, dürfen die Kostüme nicht wie eine Verkleidung aussehen, die der Schauspieler anlegt. Sie müssen den Eindruck erwecken, als habe die jeweilige Figur sie gerade aus dem eigenen Kleiderschrank genommen. Dies gilt selbstverständlich für jede Filmproduktion, aber bei einem Historienfilm muß man darauf besondere Sorgfalt verwenden. Ich versuche sicherzustellen, daß sich die Schauspieler in den Sachen wohl fühlen und nicht eingeengt oder unbehaglich. Für jede Figur erstelle ich einen Plan, auf dem die wichtigsten Stücke ihrer Garderobe verzeichnet sind, bevor ich mit den einzelnen Schauspielern darüber spreche, wie sie die Sachen gerne tragen möchten. Bei der unausbleiblichen Hektik einer Filmproduktion ist es oft schwierig, Zeit für diese Gespräche zu finden, aber für meine Arbeit sind sie unerläßlich. Da ich selbst nicht immer am Set

Eine Auswahl der Stoffe, die für die Herstellung der Kostüme verwendet wurden.

Mr. Collins versichert Elizabeth: »Meine liebe Base, beunruhigen Sie sich nicht wegen Ihrer Toilette ... Lady Catherine wird keine geringere Meinung von Ihnen haben, weil Sie einfacher gekleidet sind.«

Elizabeth in curryfarbener Jacke bei ihrem Besuch in Pemberley.

bin, können auch meine Mitarbeiter sich auf dieses Fundament stützen, sollte ein Schauspieler noch einen Änderungswunsch haben.

ELIZABETH BENNET

Für Elizabeth stellte ich mir eine Garderobe vor, die der direkten und praktischen Seite ihres Wesens entspricht. Daher wählte ich Erdfarben, wie zum Beispiel verschiedene Brauntöne. Vor allem die Farbe Curry gefiel mir an ihr sehr gut. Und auch der leicht zerknittert aussehende Strohhut, den sie in verschiedenen Szenen trägt, paßt meiner Meinung nach sehr gut zu ihrem Charakter. Das Vorbild für diesen Hut hatte ich in Jane Austens Wohnhaus in Chawton gesehen. Alles in allem sollte ihre Garderobe nett und unkompliziert aussehen, hübsch, aber nicht verspielt oder aufwendig. Und da Elizabeth noch dazu als sehr aktive junge Frau dargestellt wird, war es wichtig, daß die Schauspielerin sich in ihren Kostümen ungehindert und natürlich bewegen konnte.

MR. BENNET

Bei der Vorbereitung der Figur des Mr. Bennet war ich auf ein Porträt gestoßen, das mir als Richtschnur besonders gut geeignet erschien. Es vermittelte einen Eindruck entspannter Zufriedenheit, den ich sehr passend fand. Mr. Bennet geht nicht gerne aus dem Haus und interessiert sich auch nicht für Einladungen und Gesellschaften. Folglich trägt er mit Vorliebe Samtjacken, um es bequem zu haben. Überdies versahen wir ihn mit einer Brille und einem sogenannten »Banyan«, einem langen, warmen und bequemen Hausmantel. In einer Zeit, in der es noch keine Zentralheizungen gab, dürfte dieses Kleidungsstück besonders nützlich gewesen sein.

MR. DARCY

Das Interesse, das Colin Firth bei der Auswahl der passenden Garderobe für Darcy zeigte, erwies sich für mich als außerordentlich hilfreich. Colin hat eine sehr starke, männliche Ausstrahlung, die durch die Kleidung jener Zeit nicht überdeckt werden durfte. Vor allem die Abendgarderobe wirkte damals leicht feminin.

Wir verwendeten sehr viel Sorgfalt darauf, die richtigen Farben für ihn auszuwählen. Er bekam schließlich eine blaue und eine grüne Jacke sowie ein paar weitere in erdigen, natürlichen Farbtönen. Die wärmeren Töne sollten allerdings für Bingley reserviert bleiben. Colin wollte düster wirken, aber kein Schwarz tragen, also entschied ich mich für dunkle Grün- und Graunuancen. Später, etwa nach der Hälfte der Dreharbeiten, erklärte er mir, daß er nun doch eine schwarze Jacke tragen wolle. Der große Vorteil bei einer Produk-

Kostüme, Masken und Frisuren 53

tion, die sich über einen längeren Zeitraum erstreckt, liegt darin, daß die Schauspieler Gelegenheit haben, Änderungen an ihren Kostümen vornehmen zu lassen, je weiter sie sich mit der Figur vertraut gemacht haben. Bei Projekten mit kurzer Produktionszeit dagegen müssen sie sich zwangsläufig mit dem zufrieden geben, was ich ihnen bei Drehbeginn präsentiere. Den langen, grauen Leinenmantel, den wir erst während der Dreharbeiten für Colin angefertigt haben, halte ich zum Beispiel für eine wichtige Erweiterung seiner Garderobe. Obwohl er nach historischen Vorbildern gearbeitet wurde, wirkt dieser Mantel zugleich außerordentlich modern, als ob man ihn noch heute kaufen könnte. Dadurch wird ein Bezug zur Gegenwart hergestellt. Denn schließlich ist die filmische Umsetzung immer eine Interpretation, und das, was wir schaffen, ist nicht fürs Museum gedacht. Deshalb sollten die Kostüme auch ein modernes Publikum ansprechen.

DIE BINGLEYS

Mr. Bingley ist eine Figur, die jeder auf der Stelle sympathisch findet, daher sah ich für ihn warme Farben und Stoffe, wie zum Beispiel Tweed vor. Im Gegensatz zu Darcy hat er nichts Rätselhaftes an sich, und dieser Kontrast muß auch äußerlich sichtbar werden. Meiner Meinung nach sollte man den Reichtum einer Person sich eher in der Größe und Einrichtung seines Hauses als in der Kleidung widerspiegeln lassen. Eine Ausnahme von dieser Regel machten

Quellenmaterial für Darcy: »Ich suche nach einer Darstellung, die den Schlüssel zur äußeren Erscheinung der Figur darstellt ... Dieser füge ich weitere Merkmale hinzu, bis sich ein abgerundetes Bild ergibt« (Dinah Collin).

»In meinem ganzen Leben habe ich keine eleganteren Kleider gesehen« (Mrs. Bennet).

»Ich finde, diese Zeichnung, die sich in allen größeren Büchern über die Mode der Zeit findet, ist der Schlüssel zur Figur der Lydia«.

wir nur bei den Bingley-Schwestern, deren aufwendige Garderobe im Kontrast zu der hübschen Einfachheit der Bennet-Töchter steht. Die Bingley-Schwestern sind sozusagen Repräsentanten der Gucci-Fraktion.

Für ihre Kleider verwendete ich meterweise indische Seidenstoffe, reichlich Spitze und leuchtende und kräftige Farben, wie rosa und lemonengrün. Ihr Kopfschmuck war wesentlich aufwendiger als der der Bennet-Mädchen und spiegelte den Einfluß des Mittelalters wider, der zu jener Zeit die Mode prägte. Vorbild war nicht nur das Ideal der griechischen Statuen, sondern alles Exotische, das sich in der Verwendung leuchtender Farben und luxuriöser Federn ausdrückte. Die prächtigen Kostüme der Bennet-Schwestern sollten deutlich machen, warum es den Gästen im dörflichen Festsaal die Stimme verschlägt und abrupt die Unterhaltung verstummt, sobald sie den Raum betreten.

Adrian Lukis als Wickham.

Uniformen und Livreen, die eigens aus Rom beschafft wurden.

BARBARA LEIGH-HUNT (über die Kostüme)
»Wir hatten großes Glück, daß wir bei dieser Produktion an so wundervollen Drehorten gearbeitet haben. Das kann eine entscheidende Rolle spielen. So griff zum Beispiel Dinah, unsere Kostümbildnerin, eine Anregung aus einer Szene auf, die im Eßzimmer von Lady Catherines Haus spielt. Dort befanden sich riesige Gemälde an den Wänden, auf denen auch einige tote Vögel abgebildet sind. Später, als Lady Catherine Elizabeth die Verlobung mit Darcy untersagt, trage ich einen Hut, der mit einem kleinen, ausgestopften Vogel geschmückt wird. Dieser Einfall ist nicht nur herrlich ironisch, sondern auch eine hervorragende Anspielung auf die Raubtiernatur der Kreise, in denen Lady Catherine sich bewegt.«

FRISUREN UND MASKE: CAROLINE NOBLE
Vorbereitungen

Meine ersten Recherchen führten mich in das Victoria and Albert Museum, das über eine ausgezeichnete Bibliothek verfügt und darüber hinaus hervorragende Möglichkeiten bietet, das entsprechende Material auch zu fotografieren. Eine ganze Woche habe ich damit zugebracht, Hunderte von Abbildungen und Schautafeln aus Büchern des frühen 19. Jahrhunderts aufzunehmen.

Außerdem sah ich mir Gemälde aus der Zeit an und erwarb ein ausgezeichnetes Buch zu dem Thema, das den Titel *Regency Portraits* trägt. Es waren hauptsächlich diese Quellen, auf die ich mich bei meiner weiteren Arbeit stützte. Während ich mir die Porträts ansah, begann ich mir ein Bild der einzelnen Figuren zu machen. Im nächsten Schritt ordnete ich die Fotografien den Charakteren zu, um auf dieser Grundlage konkrete Vorschläge zu erarbeiten, die ich mit Simon und Sue besprach. Zu diesem Zeitpunkt waren definitive Festlegungen selbstverständlich nicht möglich, da die Besetzung der Rollen noch nicht abgeschlossen war. Erst wenn ich einen Schauspieler sehe, kann ich die endgültige Entscheidung treffen, ob der »Look«, den ich im Auge habe, zu ihm paßt oder nicht. Aber eine Vorstellung über das mögliche Aussehen habe ich schon immer recht früh. Außerdem achte ich auf den Teint der Schauspieler. Jennifer Ehle zum Beispiel ist ein blonder, sehr blasser Typ. Wir mußten also ausprobieren, wie sie aussah, wenn wir sie dunkler machten, da Elizabeth im Roman als Brünette beschrieben wird. Glücklicherweise hat Jennifer dunkle Augenbrauen, und als wir ihr eine Perücke in der gleichen Farbe aufsetzten, waren sich alle einig, daß sie ihr sehr gut stand. Simon fand allerdings, daß die Perücke ein wenig zu dunkel war, und ich ließ für sie eine etwas hellere anfertigen.

Oben: Die Frisur der Mrs. Hurst wurde durch eine zeitgenössische Zeichnung aus dem Victoria and Albert Museum inspiriert.

Das Make-up-Team

Eigentlich hätte ich vier Assistenten gebraucht, doch aus Kostengründen waren es schließlich nur drei. Den Assistenten werden immer die gleichen Schauspieler zum Schminken zugewiesen, denn wie detailliert auch immer man das Make-up beschreibt und mit Fotos dokumentiert, die Wirkung ist nie die gleiche, wenn ein anderer diese Arbeit ausführt.

Links: Die Maskenbildner bei der Arbeit in ihrem Wohnwagen.

Unten: Ashley legt letzte Hand an Susannahs Make-up.

Ich mache einige generelle Vorgaben, wie ich mir die Maske vorstelle. Darüber hinaus aber halte ich es für entscheidend, daß meine Assistenten so viel kreativen Freiraum wie nur möglich haben. Andernfalls unterschiede sich ihre Arbeit kaum von »Malen nach Zahlen«. Zunächst diskutieren wir ausführlich jede einzelne Figur und einigen uns auf einen bestimmten, für alle Beteiligten verbindlichen »Look«. Dann, und das ist sehr wichtig, fragen wir die Schauspieler nach ihren Ideen. Es kann schwierig werden, wenn ein Schauspieler eine bestimmte, festgefügte Vorstellung hat, von der abzuweichen er nicht bereit ist. Glücklicherweise blieb uns so ein Fall bei *Stolz und Vorurteil* erspart. Nur eine Statistin für die Ballszene bereitete uns Probleme, da sie unser Make-up offensichtlich nicht für ausreichend hielt und immer wieder rosa und grauen Lidschatten auflegte, obendrein tuschte sie sich die

Lynn Farleigh als Mrs. Phillips.

Wimpern nach. Neben den anderen Schauspielern und Statisten, die wir alle sehr natürlich geschminkt hatten, machte sie einen geradezu grotesken Eindruck. Wir haben sie mehrere Male wieder abgeschminkt, doch sie beharrte auf ihrem grellen Make-up!

Für Szenen mit vielen Statisten engagierte ich noch zusätzliche Assistenten, um das Arbeitspensum zu bewältigen. Tage, an denen Massenszenen gedreht werden, können sich endlos in die Länge ziehen. Früher als die meisten anderen Teammitglieder beginnt man mit der Arbeit, um alle Schauspieler bis zum Drehbeginn geschminkt zu haben. Und am Abend, nach Abschluß der Dreharbeiten, kann man auch nicht einfach sein Werkzeug einpacken und nach Hause gehen. Wir müssen die Perücken und Bärte wieder abnehmen, die Schauspieler abschminken und ihnen unter Umständen beim Haarewaschen behilflich sein. Außerdem müssen die Perücken jeden Abend gewaschen und wieder in Form gebracht werden, was sehr viel Zeit in Anspruch nimmt.

Perücken

Die Perücken für die Hauptfiguren des Films ließen wir von Ray Marsten machen, der meiner Meinung nach der beste Perückenmacher in England ist. Wenn eine Perücke auch noch bei einer Nahaufnahme echt aussehen soll, benötigt man allererste Qualitätsarbeit. Das Anfertigen von Perücken ist extrem zeitaufwendig, kompliziert und noch dazu sehr teuer. Für die meisten Nebenfiguren und die Statisten haben wir daher auf Perücken aus unseren Beständen zurückgegriffen. Im Fundus der BBC befinden sich Perücken aus abgeschlossenen Produktionen im Wert von etwa 1,5 Millionen Pfund. Sie werden in Schachteln und Kartons aufbewahrt, die man alle einzeln durchsehen muß, um zu finden, wonach man sucht. Es gibt sie in unendlich vielen verschiedenen Farben, Größen, Formen und Längen. Inzwischen sind sie zwar alle mit dem Computer erfaßt worden, doch das erleichtert die Suche nur unwesent-

BEIM PERÜCKENMACHER

Das Haar wird am Kopf festgesteckt ...

... und durch einen Strumpf gehalten.

Dann werden die genauen Maße genommen.

Aus einer mehrschichtigen Folie entsteht eine Kappe ...

... auf der mit Filzstift der Haaransatz aufgezeichnet wird.

Nach dieser Kappe wird das Perückennetz geformt.

Anpassung des Perückennetzes.

Die Haare am Ansatz werden aufgenäht ...

... und die Farbe für die Perücke ausgewählt.

Bei der Fertigstellung der Perücke wird jedes Haar einzeln geknotet.

Kostüme, Masken und Frisuren 57

lich. Denn wenn man die Codenummer einer Perücke nicht kennt, braucht man immer noch sehr lange, bis man die richtige gefunden hat.

Meine Assistentin Philippa Hall und ich verbrachten viel Zeit damit, Perücken für die Statisten auszusuchen. Vorher hatten wir jeden von ihnen angerufen, um uns so viele Informationen wie möglich über ihr Aussehen verschaffen zu können. Unter Berücksichtigung von Alter, sozialer Schicht sowie Typ und Farbe der darzustellenden Figur wie auch der äußeren Merkmale des Darstellers stellte ich dann eine Auswahl von Perücken zusammen. Ich konnte zwar nicht so viele Perücken zu den Dreharbeiten mitnehmen, um für jeden Notfall gerüstet zu sein, aber im großen und ganzen kamen wir mit meiner Auswahl recht gut aus und mußten nur selten improvisieren.

Da die meisten Mädchen zu jener Zeit kurze Stirnlocken trugen, willigte Susannah ein, sich fünfundsiebzig Zentimeter Haar abschneiden zu lassen.

MAKE-UP-CONTINUITY

Worauf ich bei meiner Arbeit wahrscheinlich am meisten Zeit verwende, ist die sogenannte »Continuity«, bei der es darum geht, die bruchlose Verbindung der zu drehenden Szenen zu gewährleisten. Für jeden Drehtag erstelle ich einen Plan, auf dem die einzelnen Szenen und die in ihnen mitwirkenden Charaktere aufgelistet sind. Außerdem enthält dieser Plan eine kurze Zusammenfassung der Handlung, Notizen, zu welcher Tageszeit die Szene spielen soll und einen Vermerk, ob es sich um eine Innen- oder Außenaufnahme handelt. Dazu kommen noch weitere, für meine Arbeit wichtige Hinweise, wie zum Beispiel: »Elizabeth macht sich schmutzig«, »Regen« oder »Jane hat Fieber«.

Vorlagen für Mary.

»Ich kam in einem neuen Kleid ans Set, das mir recht gut gefiel. Simon Langton sah mich an und sagte nur: ›Du siehst wie ein Klumpen Knete aus‹.« (Lucy Briers)

Es ist schwer, einem Außenstehenden verständlich zu machen, wie wichtig die Continuity ist. Für den Ball in Netherfield etwa war vorgesehen, daß alle Hauptfiguren, also ungefähr vierzig Personen, erst im Ballsaal gefilmt werden und dann zum Essen hinauf in einen anderen Raum gehen. Die Aufnahmen vom Essen wurden aber erst sechs Wochen nach den Ballsaalszenen gemacht. Es ist klar, daß man zumindest noch in groben Zügen weiß, wie man die einzelnen Schauspieler geschminkt hat, doch es gibt keine Garantie, daß man sich noch an jedes Detail erinnert. Vor allem, wenn man nicht nur einen, sondern etliche Darsteller zurechtgemacht und bereits sechs Stunden vor der ersten Aufnahme mit dem Make-up begonnen hat.

Vorlage für Lydias Frisur.

Colin Firth als Darcy.

Darcy

Ich glaube, ich bin nicht die einzige, die bei Darcy immer einen dunklen, adlergleichen Typ vor Augen hat. Als ich allerdings Colin Firth zum ersten Mal begegnete, hatte er mittelblondes, sehr kurzes Haar und einen furchtbaren Schnurrbart, den er sich für eine Rolle, die er zu dem Zeitpunkt spielte, hatte wachsen lassen. Wir baten ihn, seine Haare in den Wochen bis zum Drehbeginn nicht mehr schneiden zu lassen. Als sie schließlich lang genug waren, verpaßten wir ihnen wie auch den Augenbrauen und Wimpern eine dunklere Farbe. Colin hat dunkle Augen, so daß die dunklere Haarfarbe durchaus natürlich aussah.

Jennifer Ehle

Sie ist blond, noch dazu hatten ihre Haare nicht die richtige Länge. Uns war also von Anfang an klar, daß Jennifer mit einer Perücke spielen mußte. Im Nacken sitzt keine Perücke wirklich perfekt. Mir tat Philippa, Jennifers Maskenbildnerin, leid, denn es gab zahlreiche Aufnahmen, die den Nacken der Schauspielerin zeigten und wo die Kamera ihr quasi von hinten über die Schulter blickte. Doch der Kameraassistent Rob Southam, der selbst mit einer Maskenbildnerin verheiratet ist, hat ein ausgezeichnetes Auge für solche Dinge und gab uns immer Bescheid, wenn die Perücke nicht perfekt saß.

Die Kontrastierung der Bennet-Schwestern

Zur Zeit Jane Austens gab es nicht annähernd so viele verschiedene Frisuren wie heutzutage. Deshalb hatte ich einige Mühe, Unterschiede zwischen den Töchtern der Bennets herauszuarbeiten. Dinah Collin hatte für Elizabeth einen möglichst einfachen und schlichten Stil vorgesehen. Dies sollte sich auch in ihrer Frisur widerspiegeln, die anmutig, aber wenig aufwendig sein sollte. Um einen Gegensatz dazu zu schaffen, sah ich Jane klassisch griechisch, eine Stilrichtung, die zu jener Zeit modern war und noch heute außerordentlich elegant wirkt. Von allen Bennet-Mädchen sollte sie die schönste und aufwendigste Frisur tragen. Susannah Harker brauchte keine Perücke, doch wir färbten ihr Haar etwas heller, damit sie vom äußeren Eindruck her einen guten Kontrast zu Jennifer Ehle bot.

Von Mary wird im Roman gesagt, daß sie häßlich ist und Probleme mit ihrer Haut hat, also ließen wir ihr ein paar Pickel sprießen! Lucy Briers verhielt sich außerordentlich kooperativ. Sie verriet uns, daß sie leicht abstehende Ohren hat, und wir frisierten sie so, daß dieser kleine Makel auch dem Zuschauer nicht verborgen bleibt. Mit ihrem Stirnhaar verfuhr ich nicht weniger rigoros: um sie möglichst unscheinbar wirken zu lassen, benutzten wir Fett, so daß ihre Haare ungewaschen aussahen.

Für Lydia hatte ich schon sehr früh die Idee, daß sie eine asymmetrische Frisur tragen sollte, die ihre Unausgeglichenheit, ihre Wildheit und ihre Unordentlichkeit widerspiegelt. Bei meinen Recherchen war ich auf einige sehr hübsche Bilder von asymmetrischen Frisuren gestoßen, die zu jener Zeit in Mode waren. Sie dienten Dinah und mir als Grundlage. Julia Sawalha hat wunderbar lockiges, leicht gekräuseltes Haar, das genau dem Ideal der Zeit des frühen 19. Jahrhunderts entspricht. Es war also nicht schwierig, sie zu frisieren.

»Dinah und ich entdeckten, daß wir beide als Vorbild für die Figur der Lady Catherine ein Porträt von Königin Caroline vor Augen hatten.«

Kostüme, Masken und Frisuren 59

»Mr. Bennet verfügte über so viel Schlagfertigkeit, Sarkasmus, Zurückhaltung und Laune« (Jane Austen).

Benjamin Whitrow als Mr. Bennet.

Lydia (Julia Sawalha) und Kitty (Polly Maberly).

»Unsere Familie zeichnet sich nur durch weniges aus, Mrs. Bennet, aber ich glaube, ich kann mich mit einiger Sicherheit dessen rühmen, daß meine beiden jüngsten Töchter zu den albernsten Mädchen ganz Englands zählen« (Mr. Bennet in der Bearbeitung von Andrew Davies).

Alison Steadman mit Lockenpapier im Haar bereitet sich auf den Ball in Netherfield vor.

Mrs. Bennet

Die meisten Leser des Romans stellen sich wahrscheinlich Mrs. Bennet als eine Frau von etwa fünfzig Jahren vor. Aber wenn man es sich recht überlegt, kann sie kaum wesentlich älter als vierzig sein. Im Roman erfährt man, daß sie bei ihrer Heirat noch sehr jung war, achtzehn oder neunzehn Jahre vielleicht, und es ist davon auszugehen, daß sie relativ rasch ihr erstes Kind bekam. Jane ist zweiundzwanzig, Mrs. Bennet könnte also gut vierzig sein. Die Schauspielerin Alison Steadman hat unglaublich dichtes, schweres Haar, aber es war zu dem Zeitpunkt nicht lang genug, als daß wir es adäquat hätten frisieren können. Also entschieden wir uns für eine Perücke. Bei meinen Recherchen war ich auf eine Methode gestoßen, mit der man zu jener Zeit Locken aufdrehte, nämlich mit kleinen Lehmröhrchen, die erhitzt wurden. Zum Schutz der Haare wurde um die Röhrchen Papier gewickelt. Um die Locken länger haltbar zu machen, ließ man diese Papierröllchen manchmal auch nach dem Entfernen der Lockenwickler noch im Haar.

Mr. Collins

Ich habe mir Mr. Collins schon immer als einen verschwitzten Mann vorgestellt, der ständig Schweißperlen auf der Oberlippe hat. Zu unserem Glück hat David Bamber sehr feines, seidiges Haar, so daß wir nur ein bißchen Fett benutzen und ihm einen sehr tiefen Scheitel ziehen mußten, um den Eindruck zu erwecken, daß er den Ansatz zu einer Glatze hat. David hat nicht einmal die berühmtberüchtigten Geheimratsecken, aber mit diesem Scheitel sieht er so aus, als ob er um den bevorstehenden Verlust seines Haars weiß.

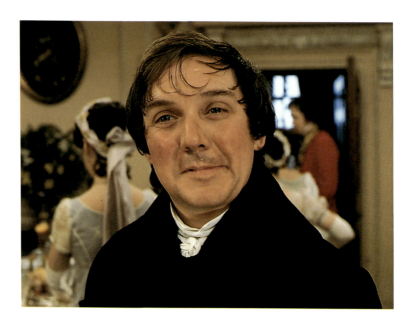

David Bamber als Mr. Collins.

Kapitel 5
Musik

EIN GESPRÄCH MIT CARL DAVIS ÜBER SEINE ARBEIT AN
STOLZ UND VORURTEIL

Wie kam es zu Ihrer Mitarbeit an *Stolz und Vorurteil*?
Seit Mitte der siebziger Jahre habe ich die Musik für eine ganze Reihe von Literaturverfilmungen der BBC geschrieben, eine Aufgabe, die mir stets außerordentlich großen Spaß bereitet hat. Schon in meiner Kindheit war ich ein begeisterter Bücherwurm, doch auf Jane Austen bin ich erst vor einigen Jahren gestoßen. *Stolz und Vorurteil* gefiel mir besonders gut. Ich bin der Ansicht, daß Elizabeth Bennet eine der großartigsten Heldinnen der englischen Literatur ist. Noch dazu läßt sich der Roman wunderbar leicht lesen, da er über ein starkes Thema verfügt und in einem außerordentlich geistreichen Stil geschrieben ist. Bereits beim ersten Lesen fühlte ich mich von dem Buch wie verzaubert, und in mir wuchs der spontane Wunsch, Jane Austen musikalisch zu kommentieren. Als ich daher hörte, daß Sue es verfilmen wollte, rannte ich ihr förmlich die Tür ein, um den Auftrag für die Filmmusik zu bekommen.

Was sind Ihre ersten Schritte beim Komponieren?
Ich fange immer damit an, daß ich das Buch noch einmal lese, um ganz in die Welt des Romans und seiner Charaktere einzutauchen. Bei einer Vorlage wie *Stolz und Vorurteil* hält man einen extrem reichen Text in Händen – es ist, als ob man mit einer Bibel arbeitet. Man kann nichts falsch machen, wenn man sich nur an den Wortlaut dieser Bibel hält. Die Inspirationen, die man durch einen derartigen Text für die Musik erhält, sind unendlich fruchtbar. In diesem Stadium notiere ich mir auch, auf welche konkreten Musikstücke im Roman angespielt wird, ob zum Beispiel Titel von Liedern, Tänzen oder bestimmte Instrumente erwähnt werden. In *Stolz und Vorurteil* waren diese Hinweise erstaunlicherweise extrem rar. Das ist um so bemerkenswerter, als doch in etlichen Szenen des Romans die Musik eine gewichtige Rolle innehat. Man muß sich das einmal vor Augen führen: eine Welt ohne Fernsehen und Kinos, eine Stadt ohne Theater – was sollten all diese jungen Mädchen sonst tun? Von ihnen wurde erwartet, daß sie ein Instrument spielten oder sangen. Selbstverständlich mußten sie ihre Fertigkeiten auch auf Bällen, Gesellschaften und bei häusli-

Melvyn Tan und Carl Davis im Gespräch über die Partitur.

Lucy Robinson (Mrs. Hurst) am Flügel.

chen Festen vorführen. All dies war ein Teil des großen Spiels, wie man sich einen Ehepartner angelte.

Meine nächste Aufgabe bestand darin, die Musik auszuwählen, die zu hören ist, wenn die Charaktere des Films selbst einmal musizieren, singen oder tanzen. Andrew hatte zahlreiche solcher Szenen geschrieben. Diese sogenannten »Musikquellen im Bild« müssen genauso authentisch wirken wie die Kostüme und Drehorte. Sue, Simon und ich verwendeten große Sorgfalt auf die richtige Auswahl. Es war nicht schwer, sich vorzustellen, welche Musik die Figuren gespielt und gesungen haben könnten, sie waren immerhin Zeitgenossen von Haydn und Beethoven, Mozart war kurz zuvor gestorben und Schubert stand am Beginn seiner Karriere.

Das eigentlich Interessante an dieser Aufgabe besteht natürlich darin, Musik auszuwählen, die zur Dynamik einer Szene oder zur Charakterzeichnung einer Figur beiträgt. So quält sich zum Beispiel die arme Mary, die unscheinbarste und untalentierteste der Schwestern, täglich stundenlang am Klavier, und dennoch bleibt sie Mittelmaß. Ihr Können reicht nur aus, um bei kleinen, dörflichen Gesellschaften zu spielen, wenn die Gäste den Teppich aufrollen und tanzen wollen. Als sie auf dem Ball in Netherfield darauf besteht, zu singen und sich dabei selbst am Klavier zu begleiten, macht sie sich zum Gespött der Leute. Für diese Szene wählten wir ein Lied von Händel, das sehr schön ist, wenn es gut vorgetragen wird. Es übersteigt aber Marys Können bei weitem und klingt in ihrer Interpretation ganz fürchterlich. Um das Gefühl der Peinlichkeit, das Elizabeth in dieser Situation empfindet, noch zu unterstreichen, entschieden wir uns bei dem Vortrag von Bingleys Schwester für ein sehr bombastisches, effektvolles Stück, das wie ein Triumph über die arme Mary klingen muß – wenn man so will, spielt hier London gegen die Bennets.

Wie wurde die Tanzmusik ausgewählt?

Die Tanzmusik war ein grundlegendes Element der Musikquellen im Bild, und ihre Auswahl erfolgte unter der Mitwirkung von Jane Gibson, der Choreographin. Die Tänze, die sie mit den Schauspielern einstudieren wollte, hatte sie bereits ausgesucht, so daß sie uns genaue Angaben zu den Tanzschritten, der Anzahl der tanzenden Paare und der Dauer der einzelnen Figuren machen konnte. Diese Informationen waren außerordentlich hilfreich. Gemeinsam spielten wir also verschiedene Möglichkeiten durch. Ich saß am Klavier, und Jane machte in meinem Studio die Tanzschritte, während die anderen ihre Kommentare abgaben: »Hübscher Tanz, aber eine langweilige Melodie« oder »Dies ist eine Dialogszene, wir brauchen eine etwas zurückhaltendere Musik«. Jane hatte dafür zu sorgen, daß das Tempo stimmte. Daher bat sie mich, an manchen Stellen ein paar Akkorde einzufügen, damit die Tänzer genug Zeit hatten, ihre Positionen einzunehmen. Es konnte auch vorkommen, daß sie erklärte: »Für dieses Stück brauche ich einen anderen Schluß für die Reverenz« (die Verbeugung beziehungsweise den Knicks am Ende eines Tanzes). All das war sehr zeitaufwendig, machte aber großen Spaß.

»Vor Beginn der Dreharbeiten hatte man mir die Noten gegeben. Ich dachte, ich sollte tatsächlich spielen. Noch nie habe ich so viel geübt! Als wir dann mit den Aufnahmen begannen und ich an dieses stumme Klavier gesetzt wurde und über den Ohrhörer Carl Davis spielen hörte, so daß ich nur so tun mußte als ob, wußte ich nicht, ob ich erleichtert oder enttäuscht sein sollte.« (Emilia Fox)

Wie ging es dann weiter?

Ich schrieb zunächst die Arrangements für die Musikquellen im Bild, so daß wir die Musik auf Band aufzeichnen konnten. Wir hatten so viele Musikszenen, daß die Gesamtlänge der Bandaufnahmen sechs Stunden beträgt. Wenn, wie in den beiden Ballszenen, für die Filmaufnahmen professionelle Musiker engagiert werden, kann man dennoch die Musiker nicht live auf ihren Instrumenten spielen lassen. Das liegt daran, daß man zu jeder Zeit die volle Kontrolle über den Ton behalten muß und es unmöglich ist, Dialog und Musik zugleich aufzuzeichnen. Deshalb spielen die Musiker auf »stummen« Instrumenten zu einem Playback. Um ihnen eine möglichst perfekte Koordination zu ermöglichen, bekommen sie winzige, unter den Haaren versteckte Ohrhörer, über die sie die aufgezeichnete Musik hören können.

Die beiden Ballszenen sollten sich sowohl in der Musik als auch vom Klangcharakter deutlich unterscheiden. Für den Ball im Festsaal von Meryton brauchten wir einen rauheren, ungeschliffeneren Sound, weshalb wir uns für ein Trio mit authentischen Instrumenten entschieden. Die Musiker, die wir schließlich engagierten, spielen auch im wirklichen Leben auf Dorffesten. Ihre Art zu musizieren – rauh und kraftvoll – entsprach genau unseren Vorstellungen. Für den Ball in Netherfield gingen wir davon aus, daß eine Frau wie Miss Bingley aller Wahrscheinlichkeit nach Musiker aus London engagiert haben würde. Also setzten wir ein kleines Kammerorchester ein und schrieben etwas anspruchsvollere Arrangements. Die gleichen Musiker, mit denen wir die Aufnahmen machten,

Das Orchester auf dem Ball in Netherfield.

»Ich trieb meinen Freund fast in den Wahnsinn, weil ich bis zu zwei Stunden täglich geübt habe. Schließlich machte er sich jedes Mal zu einem Spaziergang auf, wenn er sah, daß ich mich dem Klavier näherte.« (Lucy Briers)

Carl Davis Partitur für die Titelmusik.

»Es ist ein Wahnsinnsspaß, sich vorzustellen, ob die Musik von Haydn stammt oder von irgendeinem nachlässigen Schüler Schuberts.«

Für die Aufnahme im Studio werden die Noten kopiert.

wurden dann für die Dreharbeiten gebucht, um ihre Instrumente auch vor der Kamera zu »spielen«. Sie wurden angewiesen, sich in den folgenden zehn Wochen bis zum Drehbeginn die Haare nicht schneiden zu lassen, und davon in Kenntnis gesetzt, daß sämtliche Bärte, egal welcher Form, abrasiert werden mußten.

Ich entschied mich, alle Klavierstücke selber zu spielen, die in den sechs Teilen der Verfilmung von verschiedenen jungen Damen zum besten gegeben werden. Es machte mir großen Spaß, ihre unterschiedlich ausgeprägten Fähigkeiten wiederzugeben. Allerdings mußte mich Sue immer wieder ermahnen, nicht so kraftvoll anzuschlagen, wenn ich die Stücke der schüchternen, erst sechzehnjährigen Georgiana Darcy spielte!

Obwohl die Schauspielerinnen im Film also nicht wirklich Klavier spielen, muß es für den Zuschauer dennoch so aussehen, als ob sie es tatsächlich tun. Es wirkt wenig überzeugend, wenn man nie die Hände der Person im Blick hat, die gerade spielt, oder wenn man sie zwar sehen kann, aber am falschen Ende der Tastatur. Deshalb wurden den Schauspielerinnen Wochen vor Beginn der Dreharbeiten Bandaufnahmen und Noten der entsprechenden Stücke zugeschickt, damit sie sich mit der Musik vertraut machen konnten. Wer wollte, bekam auch einen Klavierlehrer gestellt. Wir hatten Glück, daß sowohl Lucy Briers (Mary) als auch Emilia Fox (Georgiana) recht gut Klavier spielen und daher an diesem Instrument sehr überzeugend wirkten.

All diese Arbeiten – die Auswahl der Musik, ihre Bearbeitung, die Arrangements und Aufnahmen – werden in der Vorbereitungsphase abgeschlossen. Erst nach Abschluß der Dreharbeiten beginne ich mit dem Komponieren der Filmmusik. Dann stelle ich mich der Frage, wie ich mit meiner Musik zum Gesamteindruck der Produktion beitragen kann.

Wie kann dieser Beitrag Ihrer Meinung nach aussehen?

Ich bin der Ansicht, daß das Drehbuch eines Films bereits mit der ersten Note beginnt. Schon vom ersten Ton an nimmt das Publikum, wenn auch unbewußt, etwas von der Geschichte des Films auf.

Noch bevor die eigentliche Handlung einsetzt, teilt die Musik dem Zuschauer mit, was ihn in den folgenden Minuten und Stunden erwartet. Sie informiert ihn über die Atmosphäre, den Stil, die Themen des Films – ob das, was er sehen wird, furchteinflößend und unheimlich ist, witzig, eine Liebesgeschichte, eine Tragödie oder was auch immer. Je besser es gelingt, diesen ersten Eindruck zu vermitteln, desto eher kann man von Anfang an die Erwartungen des Publikums wecken und seine Aufmerksamkeit fesseln. Einzig in diesen Eingangsszenen unterliegt die Musik nicht der Konkurrenz von Texten oder Toneffekten, hier hat also der Komponist die beste Chance, mit seiner Musik etwas auszusagen.

Welche Aussage wollten Sie mit der Musik zu den Eingangsszenen machen?

Es waren im wesentlichen zwei Dinge, die ich vermitteln wollte. Zum einen ging es mir um die »Essenz«, den Geist des Romans – die Leichtigkeit des Witzes, die Vitalität und Aktualität, all das, was Elizabeth und ihre Familie ausmacht. Für diesen Aspekt stellte ich mir eine sehr lebhafte und fröhliche Musik vor, und ohne daß ich mir dessen bewußt gewesen wäre, schlich sich ein wiederkehrendes Jagdmotiv ein, das selbstverständlich eines der Hauptthemen des Buches widerspiegelt, die Jagd nach Ehemännern! Und dies verband sich mit der zweiten Aussage, der Frage von Heirat und Liebe. Darum geht es schließlich in dem Roman. Sollen diese Mädchen alles daran setzen, eine gute Partie zu machen, oder sollen sie abwarten und auf eine Liebesheirat hoffen? Die Dualität von Verstand und Gefühl zieht sich wie ein Leitmotiv durch alle Romane Jane Austens; Herz versus Verstand, Pragmatik versus Gefühl. Mit meiner Musik habe ich versucht, beide Themen anzusprechen und ihre Polarität zu reflektieren.

Carl überprüft, ob seine Komposition mit den Bildern harmoniert.

Wie gehen Sie beim Komponieren der Film- und Hintergrundmusik vor?

Sobald eine Episode abgeschlossen ist, beginne ich, die Musik dafür zu schreiben. Dies ist der Punkt, an dem ich jedes Mal dankbar bin, daß es Video gibt. Früher verbrachte ich Tage damit, mir das Filmmaterial in derart engen Schneideräumen anzusehen, daß ich jedesmal Anfälle von Klaustrophobie bekam. Heute dagegen wird jede Folge, sobald sie geschnitten ist, auf Video kopiert und mit einem Time Code versehen. Das heißt, auf dem Bildschirm erscheint eine Uhr, die die verstrichene Zeit bis auf eine zwanzigstel Sekunde anzeigt. Das ist phantastisch! Man schickt mir die Videos, so daß ich mit ihnen zu Hause in meinem eigenen Studio und an meinem eigenen Flügel arbeiten kann. Für gewöhnlich habe ich die Videos bereits mehrfach angesehen, bevor dann der Produzent und der Regisseur zur sogenannten »Spotting Session« zu mir kommen. Dabei wird festgelegt, an welcher Stelle die Musik einsetzen beziehungsweise wieder aufhören soll. Es wird lange und ausführlich darüber diskutiert, welche Wirkung mit der Musik in einer bestimmten Szene erzielt werden soll, während ich mir Notizen mache und mir zu jeder zu schreibenden Musik einen kleinen Titel ausdenke, der mir als Gedächtnisstütze dient, wie zum Beispiel »Mr. Collins geht auf Reisen« oder »Reichtum«. Dann mache ich mich ans Komponieren.

Sue, Carl und Simon während einer »Spotting Session«.

Ein paar Wochen später kommen dann Sue und Simon noch einmal zu mir, und ich spiele ihnen die Musik vor, die ich geschrieben habe. Aufwendiges Synthesizer-Equipment brauche ich dazu nicht. Statt dessen lasse ich das Video laufen, begleite es auf dem Flügel und singe dazu die Stimmen der Geigen, Hörner oder was auch immer gerade verlangt wird. Das ist ein Riesenspaß! Wenn meine

Carl Davies beim Dirigieren: »Dieses wundervolle Buch hat mich verführt, und ich begann, Jane Austen musikalisch zu kommentieren.«

Carl Davies und das Orchester im Tonstudio.

Melvyn Tan spielt das Darcy-Thema auf dem Hammerklavier.

Recording Session im Tonstudio.

Musik den beiden gefällt, werden meine Aufzeichnungen an den Notenschreiber gefaxt, der die Orchestrierung vornimmt.

Haben Sie für die Filmmusik ein großes Orchester eingesetzt?
Nein, das habe ich nicht. Wäre es ein voluminöser Roman aus dem Viktorianischen Zeitalter gewesen, hätte ich keinerlei Skrupel gehabt, ein Symphonieorchester einzusetzen. Doch für dieses Projekt erschien mir das unpassend. Ich wollte die Atmosphäre einer kleinen Stadt im Jahr 1813 vermitteln und entschied mich daher für einen zurückhaltenden Klang. Das Vorbild, das mir vor Augen schwebte, war ein wunderschönes Septett von Beethoven, das um die gleiche Zeit entstand, in der der Roman spielt. Dieses Stück war damals außerordentlich populär, und ich beschloß, daß dies genau der Klangcharakter war, den ich für die vertraulichen Szenen in *Stolz und Vorurteil* erschaffen wollte. Für die längeren Szenen, in denen die Handlung voranschreitet, benutzte ich ein kleines Orchester von achtzehn Musikern. Bereits früh hatten wir eine in meinen Augen sehr spannende Entscheidung getroffen, nämlich ein zu der damaligen Zeit ungemein wichtiges Instrument in den Mittelpunkt zu stellen, das Hammerklavier. Dieses Instrument ist ein Vorläufer unseres heutigen Klaviers, das einen einzigartigen, für unsere Ohren recht ungewohnten Klang erzeugt, der genau dem entsprach, wonach ich suchte.

Wieviel Probenzeit haben die Musiker vor den Aufnahmen?
Die meisten wird es wahrscheinlich überraschen, aber die Musiker haben überhaupt keine Zeit für Proben. Wenn sie ins Aufnahmestudio kommen, sehen sie die Noten zum ersten Mal. Nur für Melvyn Tan, der das Hammerklavier spielte, machten wir eine Ausnahme und schickten ihm seine Noten ein paar Tage vor Beginn der Aufnahmen zu. Uns war klar, daß wir Außerordentliches von ihm verlangten, beispielsweise extrem schnelle Läufe über die gesamte Tastatur. Daher wurde beschlossen, ihm eine faire Chance zu geben.

Kapitel 6

Zur Zeit Jane Austens war der Tanz ein fester Bestandteil des gesellschaftlichen Lebens. Bedenkt man Jane Austens eigene Vorliebe fürs Tanzen und führt man sich vor Augen, welche Rolle es bei der Anbahnung von Ehen spielte, kann es kaum überraschen, daß etliche Schlüsselszenen des Romans bei Tanzveranstaltungen und in Ballsälen spielen. Dies eröffnete der Verfilmung eine reizvolle Möglichkeit – nämlich die Chance, diesen vitalen Teil des Buches lebendig vor Augen zu führen. Die Herausforderung bestand darin, passende Tänze auszuwählen und diese dann einem großen Ensemble von Schauspielern, die teilweise noch nie getanzt hatten, innerhalb sehr kurzer Zeit beizubringen. Für diese schwierige Aufgabe versicherte sich das Produktionsteam der Hilfe Jane Gibsons, einer erfahrenen Choreographin, die nicht nur über weitreichende Kenntnisse des historischen Tanzes, sondern als anerkannte Lehrerin an verschiedenen Schauspielschulen auch über Erfahrung in der Arbeit mit Schauspielern verfügt.

»*Stolz und Vorurteil* war für mich ein phantastischer Job, denn hier war genau das gefragt, was mich wirklich interessiert. Ich meine damit die soziale Dimension des Tanzes sowie die Tatsache, daß er ein Spiegelbild der Gesellschaft ist und zugleich ein Schlüssel zum Denken und Fühlen der Menschen.

Mein erster Arbeitsschritt bestand darin, den Roman noch einmal zu lesen und mir alle Stellen zu notieren, die irgend etwas damit zu tun haben. Ich kannte bereits viele Tänze aus der Zeit Jane Austens, doch für dieses Projekt betrieb ich noch zusätzliche Nachforschungen. Die Zeit um die Wende vom 18. zum 19. Jahrhundert ist unter anderem deswegen so außerordentlich interessant, weil sie den Übergang zu einer Periode der radikalen Veränderungen markiert.«

DIE GESCHICHTE DES ENGLISCHEN COUNTRY DANCE

»Die sogenannten ›Country Dances‹ stellen Englands bedeutendsten Beitrag zum westeuropäischen Tanz dar. In Frankreich etwa gab es den Barocktanz, dessen Zentrum in Versailles lag. Er ist äußerst reizvoll – die Adligen tanzten raffinierte Menuette und Sarabanden. Diese Tänze wurden auch in England eingeführt, hatten aber dort nicht den gleichen Erfolg. Da Versailles das Zentrum der französischen Gesellschaft darstellte, wurde alles, was von dort kam, in ganz Frankreich kopiert. In England beschritten wir einen anderen Weg, was auch etwas damit zu tun hat, daß der englische Adel vornehmlich auf dem

Jane Gibson (hinten rechts) mit Mitgliedern des Ensembles im Proberaum.

Ein »Longways for as many as you will« auf dem Fest in Meryton. »Tanz ist immer der erste Schritt zur Liebe« (Jane Austen).

Land residierte. Aus dieser Tatsache rührt die Vorliebe der englischen Oberschicht für das, was wir ›English Country Dance‹ nennen.

Die Bezeichnung ist einigermaßen irreführend, denn bei dem Begriff ›ländlicher Tanz‹ denkt man unwillkürlich an einen Dorfplatz, auf dem Menschen mit Glöckchen und Bändern herumspringen. Tatsächlich aber waren diese Tänze vor allem am Hof außerordentlich beliebt und verdankten ihre Weiterentwicklung eben dieser Popularität. Während der Reisen, die Elizabeth I. durch ihr Reich unternahm, sah sie die Tänze der Dorfbevölkerung. Sie gefielen ihr so gut, daß sie sie auch bei Hofe einführte. Die Tanzmeister entwickelten diese weiter und machten aus ihnen höfische Tänze. Hier also liegt die Wurzel dessen, was wir heute ›Old Country Dance‹ nennen.

Die Tänze, die unter dem Namen ›New Country Dance‹ bekannt wurden, entstanden zur Zeit der Restauration am Hof und erlebten ihre Blütezeit vom Ende des 17. Jahrhunderts bis weit ins 18. Jahrhundert hinein. Wir wissen, daß sowohl Charles I. als auch Charles II. diese neuen Tänze tanzten, die einer komplexen Choreographie folgten. Die durch die Schrittfolge entstehenden räumlichen Muster, denen teilweise sogar bestimmte Bedeutungen zugeschrieben wurden, machten das eigentliche Faszinosum aus. Obgleich uns diese Tänze heute außerordentlich kompliziert erscheinen, darf man nicht vergessen, daß zu jener Zeit der Tanz ein wesentlicher Bestandteil des Lebens war. Jeder tanzte damals. Es gab zahlreiche Lehrer, die ihre Schüler in dieser Kunst unterwiesen. Häufig holte man sich auch private Tanzlehrer ins Haus. In Samuel Pepys Tagebuch findet sich die köstliche Episode über den Tanzlehrer seiner Frau, der sie nach dem Geschmack des Hausherrn ein wenig zu oft besucht. Pepys wird schließlich so mißtrauisch, daß er nach einer dieser Tanzstunden ins Schlafzimmer hinaufeilt, um festzustellen, ob das Bett warm ist!«

Aus den Briefen an ihre Schwester Cassandra wird deutlich, mit welcher Leidenschaft Jane Austen selbst tanzte: »Gestern abend fand hier ein ganz exzellenter Ball statt. James verdient Lob für die großen Fortschritte, die er in letzter Zeit beim Tanzen gemacht hat ... Ich verbrachte einen höchst angenehmen Abend. Es waren mehr Tänzer anwesend, als der Raum eigentlich fassen konnte, was an sich schon immer eine gute Voraussetzung für einen erfolgreichen Ball ist ... Zwanzig Tänze wurden gespielt, und ich tanzte sie alle, ohne das geringste Anzeichen von Ermüdung ...«

»Die Quellen belegen, daß das Tanzen eine große Rolle im Leben der Menschen spielte«, führt Jane Gibson weiter aus. »Diese Tatsache einem modernen Publikum plausibel zu machen, ist nicht gerade einfach. Denn heutzutage erwartet man wohl kaum, daß zum Beispiel ein Intellektueller tanzt, ganz im Gegenteil. Doch zu jener Zeit galten in dieser Hinsicht noch immer die in der Renaissance wurzelnden Maßstäbe: Elizabeth I. beförderte Männer, die gut tanzen konnten, weil sie der Meinung war, daß das ein Zeichen von Intelligenz sei. Die Fähigkeit, gut tanzen zu können, war gleichbedeutend mit hoher Vollendung, Anmut und ausgeglichenem Denken.

Diese Zugangsweise haben wir in unserem Jahrhundert endgültig verloren. Nach Belinda Quirey, einer international anerkannten Autorität auf dem Gebiet des historischen Tanzes, setzte die Krise mit der französischen Revolution im Jahr 1789 ein. Das Barockzeitalter hatte den Höhepunkt des Tanzes mar-

The Apted Book of Country Dances.

kiert. Doch gegen Ende des 18. Jahrhunderts stand dann nicht mehr die Beziehung des Menschen zu Gott im Mittelpunkt des allgemeinen Bewußtseins, sondern die Bedeutung des Individuums.

Diese Entwicklung spiegelt sich auch in Jane Austens Werken wider. In ihren späteren Romanen, wie zum Beispiel in *Emma*, schreibt sie über den Walzer, der gerade in Mode gekommen war, und die enormen Veränderungen, für die dieser Tanz stand. Im Walzer manifestierte sich der Wandel geradezu körperlich, denn hier wandten sich zum ersten Mal die Tanzpartner direkt einander zu. Sie tanzten nicht länger mit wechselnden Partnern in Gruppen, während andere ihnen zusahen und sich an ihrem Anblick erfreuten. Doch als Jane Austen *Stolz und Vorurteil* schrieb, hatten diese Veränderungen noch nicht stattgefunden, so daß in diesem Roman nur von sogenannten ›Longways‹ die Rede ist.«

TANZTYPEN IN *STOLZ UND VORURTEIL*

»Jane Austen schreibt, daß Darcy Elizabeth dabei beobachtet, wie sie ›den Saal hinuntertanzt‹. Diese Formulierung erklärt sich aus einer Entwicklung, die in England aufgrund der spezifischen Architektur der Festsäle stattfand. Diese Säle waren sehr lang und schmal, so daß man allmählich von den zu vier Paaren im Viereck getanzten Tänzen zu den sogenannten ›Longways for as many as will‹ überging, bei denen sich die Paare in zwei ›Gassen‹ gegenüberstehen und im Laufe des Tanzes die Länge des gesamten Raumes abschreiten. Die Form der Festsäle begünstigte diesen Tanztypus. Es ist derjenige, den wir in *Stolz und Vorurteil* verwendet haben.

Die Longways-Tänze lassen sich in die sogenannten ›dupal minors‹ und ›triple minors‹ unterteilen. Erstere werden in Gruppen zu vier Paaren getanzt, letztere in Gruppen zu drei Paaren. Ich fand heraus, daß sich am Ende des 18. Jahrhunderts vor allem die ›triple minors‹ großer Beliebtheit erfreuten. Einem unbedarften Beobachter mag die Unterteilung der Tänzer in Dreiergruppen nicht auffallen, er wird wahrscheinlich lediglich bemerken, daß sich zwei Reihen von Tänzern gegenüberstehen. Doch bei näherem Hinsehen wird jedem

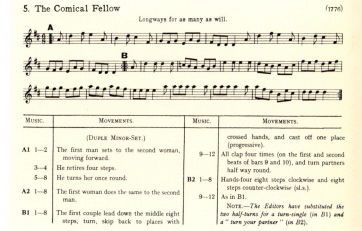

Noten und Anleitung für »The Comical Fellow«, einen Tanz, der für das Fest in Meryton einstudiert wurde.

Während der Dreharbeiten für das Fest in Meryton.

Unten: Filmen im Festsaal.

Ganz unten: Julia Sawalha (Lydia) und Polly Maberly (Kitty) beim Einstudieren der Tänze.

Betrachter auffallen, daß es immer drei Paare sind, die zusammen tanzen und die Partner untereinander tauschen. Die Attraktivität dieser Tänze lag also darin, daß man nicht auf einen Partner festgelegt war, sondern die Möglichkeit hatte, mit verschiedenen Partnern in Kontakt zu kommen.

Ein weiterer Grund, warum die ›triple minors‹ so beliebt waren, ist darin zu suchen, daß das dritte Paar als letztes in der Gruppe nur wenige Tanzschritte machen mußte und daher sehr viel Zeit hatte, sich zu unterhalten. Man darf nicht vergessen, welche Bedeutung der Tanz für das Flirten und Hofmachen hatte. Beim Tanzen konnte ein Mädchen das tun, was ihm sonst unmöglich war, nämlich allein, ohne Anstandsdame mit einem Mann zusammensein. Deshalb unterhielten sich die Paare beim Tanzen miteinander. Für die Dauer eines Tanzes waren sie so ungestört wie bei keiner anderen Gelegenheit. Einem Mann war es möglich, eine Frau um zwei aufeinanderfolgende Tänze zu bitten, so wie es Bingley mit Jane bei dem Fest in Meryton tut. Auf diese Weise konnten sie eine geraume Zeit miteinander verbringen. Vor allem, wenn sich viele Paare zum Tanz aufgestellt hatten, dauerten die Tänze entsprechend lange.«

Fünfzehn verschiedene Tänze mußten ausgewählt, choreographiert und eingeübt werden, bevor die Dreharbeiten beginnen konnten. Simon erläutert, wie dabei vorgegangen wurde. »Jane Gibson hatte dieses wunderbare Buch aus der uns interessierenden Periode, *The Apted Book of Country Dancing*, das sowohl die Noten für die Tänze als auch Anweisungen enthält, wie sie zu tanzen sind. Sie tragen so phantastische Namen wie ›The Shrewsbury Lasses‹, ›A Trip to Highgate‹ oder ›Mr. Beveridge's Maggot‹. Mit diesem Buch gingen wir zu unserem Komponisten Carl Davis, um die einzelnen Tänze durchzugehen.«

Die beiden wichtigsten gesellschaftlichen Ereignisse des Films sind der Tanz in Meryton, der im Festsaal der Stadt stattfindet, und der elegante, in privaten Räumlichkeiten abgehaltene Ball in Netherfield. Der Kontrast zwischen beiden Veranstaltungen sollte auch durch die Auswahl der Tänze unterstrichen werden. Darüber hinaus gibt es einige Szenen von kleineren gesellschaftlichen Anlässen, bei denen die jüngeren Mädchen Lust bekommen, die Teppiche aufzurollen und zu tanzen. Das heißt, daß man Lydia und Kitty in jedem Tanz des Films sieht, gleich ob es sich um das Fest in Meryton handelt oder die Gesellschaft, die Mrs. Phillips zu Weihnachten gibt. Julia Sawalha und Polly Maberly hatten nur drei Tage Zeit, um alle fünfzehn Tänze zu lernen, so daß sie praktisch rund um die Uhr proben mußten.

DAS FEST IN MERYTON UND DER BALL IN NETHERFIELD

»Obwohl die Tänze in Meryton und in Netherfield mehr oder weniger die gleichen gewesen sein dürften, kann man doch davon ausgehen, daß jede Gesellschaft gewisse Vorlieben für bestimmte Tänze hatte«, erklärt Jane Gibson. »In Meryton zum Beispiel wollen sich die Anwesenden vor allem amüsieren. Sie entstammen einer anderen Gesellschaftsschicht als die Gäste in Netherfield. Bei dem Fest in Meryton steht die dörfliche Gemeinschaft im Vordergrund – der Schlachter, der Bäcker, der Leuchtermacher kommen zusammen, um sich einen netten Abend zu machen. Ihnen geht es weniger um Eleganz, als darum, das Tanzbein zu schwingen. Folglich wählte ich für diese Gelegenheit ein paar schnellere Tänze im Rhythmus einer Gigue oder eines Reel aus. Doch wenn man genau hinschaut, wird man bemerken, daß die Form der Tänze gleich ist, nur im Stil unterscheiden sie sich.«

Auf dem Ball in Netherfield tanzen Darcy und Elizabeth das erste Mal miteinander. Musik und Bewegungen mußten der Atmosphäre dieses elektrisierenden Moments entsprechen, der in Simons Augen eine der größten Herausforderungen des gesamten Films darstellte: »Die Szene ist fünfeinhalb Seiten lang, und Elizabeth und Darcy müssen die ganze Zeit über zugleich tanzen und reden – eine wahre Horrorvorstellung für jeden Regisseur. Ich hatte nicht die geringste Ahnung, wie wir das machen sollten, dachte aber, wenn erst ein geeigneter Tanz gefunden war, würde sich alles weitere daraus entwickeln. Die Musik von ›Mr. Beveridge's Maggot‹ gefiel mir auf der Stelle, doch in dem Moment, in dem ich sie auch getanzt sah, wußte ich, daß die Wahl perfekt war.«

Jane Gibson, die den Tanz sehr gut kannte, hatte den gleichen Eindruck:

Andrew Davies: »Während des Balls in Netherfield findet zwischen Darcy und Elizabeth eine Unterhaltung statt, die einem getanzten Duell gleichkommt. Die Art, wie sie tanzen, erinnert an einen Tango oder Paso Doble. Sie gehen aufeinander zu, nur um sich gleich wieder zu trennen, und manche Drehung läßt an die Bewegungen eines Stierkämpfers denken.«

Unten: Der Ball in Netherfield.

Alf Tramontin bereitet sich darauf vor, den entscheidenden Tanz zu drehen. Dabei hält er die Steadicam so, als ob sie seine Tanzpartnerin wäre.

Lydia und Kitty sind entsetzt, als Mr. Collins mit ihnen tanzen will.

»›Mr. Beveridge's Maggot‹ ist ein wunderschöner Tanz mit einer sehr ansprechenden Choreographie.«

Jane entwarf eine Choreographie für die Tänze und brachte das Kunststück fertig, sie nicht nur ihren professionellen Tänzern, sondern auch den Schauspielern innerhalb von wenigen Tagen beizubringen. Sobald der Tanz einstudiert war, begann Simon mit den Proben für den Dialog. »Colin und Jennifer beherrschten den Tanz erstaunlich schnell, so daß wir dann versuchen konnten, Bewegung und Text miteinander zu koordinieren. Wir probten die Szene etliche Male, und mit der Zeit machte alles einen immer natürlicheren Eindruck. Doch sobald einer von ihnen nur einen falschen Schritt machte, löste er damit einen Dominoeffekt aus, und nichts funktionierte mehr. Wir mußten die ganze Szene von vorne anfangen. Ich hatte beschlossen, eine Steadicam (eine Kamera, die mittels eines Körperstativs am Kameramann befestigt ist) zu benutzen, die die Schauspieler im Tempo des Tanzes verfolgen sollte. Auf diese Weise bewegte sich der Kameramann wie einer der Tänzer, und die Aufnahmen waren wesentlich direkter als mit einer feststehenden Kamera.

Für die Aufnahmen des Balls hatten wir nur drei Tage Zeit. Für die Dreharbeiten war ein großer Herrensitz gemietet worden, was ein Vermögen kostete. Eine der Schwierigkeiten bestand darin, daß bei einem Tanz wie ›Mr. Beveridge's Maggot‹ das erste Paar, also in unserem Fall Darcy und Elizabeth, den riesigen Ballsaal der Länge nach durchqueren muß, was recht lange dauern kann. Deshalb machten wir einen Schnitt und zeigten zunächst das Orchester und dann eine Totale von allen Tanzenden. Nach einem weiteren Schnitt sieht man wieder Darcy und Elizabeth, die sich inzwischen ein ganzes Stück vorwärtsbewegt haben. Damit gelang uns so etwas wie ein Zeitsprung, der es gestattete, die Schönheit von Janes Choreographie einzufangen, ohne den Fluß der Handlung ins Stocken zu bringen.«

Polly Maberly:
»Als wir den Tanz in Lucas Lodge filmen wollten, bei dem die Mädchen einfach den Teppich aufrollen und loslegen, stellten wir fest, daß offenbar jemand über Nacht den Holzfußboden poliert hatte und wir ständig ausrutschten. Es war wie auf der Eisbahn! Nachdem der Boden gründlich abgewischt worden war, versuchten wir den Tanz noch einmal, aber es war noch immer lebensgefährlich glatt. Dann fiel irgend jemandem ein, daß Coca-Cola das Zaubermittel wäre. Also wurden ein paar Dosen Coke aus der Kantine geholt und auf dem Boden verteilt. Als die Tanzfläche endlich trocken war, begannen wir die Szene erneut. Der Rhythmus wurde vorgezählt und das Klavier begann zu spielen. Wir liefen auf unsere Positionen und – klebten fest!«

Bühnenbildner bei dem verzweifelten Versuch, Wachspolitur vom Fußboden zu entfernen.

Kapitel 7

Noch zwei Wochen...

Zwei Wochen vor Beginn der Dreharbeiten sind alle Rollen besetzt und auch die Statisten – zumindest zum größten Teil – engagiert. Die Kostümbildner haben die Maße aller Schauspieler genommen und die meisten schon zur Anprobe gesehen. Die Maskenbildnerin hat Fotos von allen Mitgliedern des Ensembles erhalten, und gemeinsam mit ihren Assistentinnen beginnt sie jetzt, verschiedene Masken und Frisuren an den Schauspielern auszuprobieren. Simon und Sue versuchen, bei möglichst vielen Kostüm- und Make-up-Proben dabei zu sein, denn wenn die Dreharbeiten erst einmal begonnen haben und die Schauspieler am Set sind, ist es für gravierende Einwände gegen Kostüme und Maske zu spät.

Die wichtigsten Drehorte sind angemietet, und der Location Manager trifft letzte Vorkehrungen, um Telefonleitungen verkleiden und Dachantennen demontieren zu lassen. Zu diesem Zeitpunkt sind die Bühnenbildner bereits dabei, den ersten Drehort für die Filmaufnahmen vorzubereiten und einen Kostenplan für die Kulissen aufzustellen. Requisiten werden geliehen, Gardinen genäht, Tapeten bedruckt, Laden- und Gaststättenschilder gemalt und Möbel aufgepolstert. Man hat Catering-Dienste, die für die Verpflegung vor Ort sorgen, gebucht und unter Umständen auch über spezielle Diätpläne informiert. Außerdem wurden Arrangements für die Unterbringung in Hotels und den Transport zum Drehort getroffen. Tänze sind ausgewählt worden, die Musik aufgezeichnet und der provisorische Drehplan ist fertig. Die letzten Tage vor Beginn der Dreharbeiten sind für gewöhnlich recht hektisch, doch eine exzellente Vorbereitung ist von größter Bedeutung. Während der Dreharbeiten treten immer wieder unerwartete Schwierigkeiten auf, doch auf der Grundlage einer sorgfältigen Planung ist es leichter, mit überraschenden Änderungen und sogar mit kleineren Katastrophen fertig zu werden.

Lucy Briers während einer Kostümprobe bei Cosprop.

In dieser Phase steigt schließlich auch der Kameramann voll und ganz in die Arbeit ein. »Vorher hat es in der Regel bereits einige Treffen mit dem Regisseur sowie dem Produzenten und – wenn möglich – auch dem Produktionsdesigner gegeben, bei denen man eine generelle Vorstellung von der Produktion erarbeitet«, berichtet John Kenway. »Für mich besteht die größte Herausforderung darin, einen Blickwinkel zu finden, der dem entspricht, was allgemein von den an der Produktion Beteiligten erwartet wird. Bei einem Historienfilm, vor allem bei der Verfilmung eines derart populären Romans wie *Stolz und*

Simon erklärt John Kenway, wie er sich die Aufnahme von der Ankunft einer Kutsche vorstellt.

Beleuchtungsausrüstung:
Große und kleine Stative
Kleiner Dolly
Gummirollen
Gib Arm Ubangi
Lampenständer plus Fuß
Elephant Feet/Paganninis
2 12K Drosseln für Tageslichtlampen
6 Kittens
6 Peppers
6 Zap Lights
2 Klemmscheinwerfer
6 Janebeam 2000 Watt
8 Janebeam 800 Watt
1 Arri Easy Up
2 Gladiators
14 italienische Spulen
4 Stative für Babyspots
4 Variostative
12 Teleskopstangen
10 Barrell-Klemmen
6 Big Bens
4 Swan Necks
10 Bodenstative
2 Beleuchtungsklemmen
2 Galgen
1 Train Effect
4 Honka Bonka
6 Ulcers
4 Yashmacks
18 Hanks Sash
300 Crocodile Clips

Rechts: Ausleuchtung der Tanzszenen.

Vorurteil, kann sich der Anspruch, allen Erwartungen gerecht zu werden, allerdings als außerordentlich schwierig erweisen.

Der nächste Arbeitsschritt besteht in der Aufteilung der Drehbücher. Dabei geht es insbesondere darum, alle Szenen zusammenzustellen, die an ein und demselben Drehort gefilmt werden sollen. Dies dient unter anderem zur Vorbereitung der Drehortbesichtichtigung, bei der das Kamerateam vor Ort die einzelnen Szenen plant.«

DREHORTBESICHTIGUNG DES KAMERATEAMS

Bei einem Projekt wie *Stolz und Vorurteil* dauert die genaue Besichtigung der Drehorte mehrere Tage. Alle für diesen Teil der Planung wichtigen Mitglieder der Filmcrew – unter ihnen Kameramann, Oberbeleuchter und Regisseur – setzen sich in einen Bus und fahren die einzelnen Drehorte ab. Sinn dieser Erkundungsfahrten ist es, alle Szenen des Films dort, wo sie gedreht werden, noch einmal durchzusprechen und Lösungen für eventuell auftretende Schwierigkeiten zu finden. Wie stellt sich der Regisseur die Szene vor? Wie soll sie ausgeleuchtet werden? Spielt sie bei Tag oder bei Nacht? Ist es möglich, mit offenem Kerzenlicht zu arbeiten? Läßt sich ein Gerüst aufstellen? Wo sollen der Generator und der Lastwagen mit der Beleuchtungseinrichtung stehen? Wird ein Kran benötigt? Gibt es Wasseranschlüsse für die Caterer, den Wohnwagen der Maske (damit sich die Schauspieler die Haare waschen können) und den Toilettenwagen? Ist ausreichender Parkraum vorhanden? Wo wird das mobile Produktionsbüro Platz finden? Und wie lassen sich Telefonverbindungen installieren?

Doch die allerwichtigste Frage ist, ob und wie sich der Zeitplan einhalten läßt. »Ich muß gemeinsam mit dem Oberbeleuchter klären, welche Vorbereitungen für jeden Drehtag getroffen werden müssen«, erklärt John Kenway, »und wieviel Zeit wir für Auf- und Abbau der Ausrüstung benötigen, für die Installation der Generatoren, der Beleuchtung und der Kabel. Manchmal zeigt sich bereits bei dieser Planung, daß es unmöglich ist, den vorgegebenen Zeitplan einzuhalten. In diesem Fall setzen wir uns mit dem Produktionsteam in Verbindung, damit der Drehplan unter Umständen noch einmal geändert wird. Eine realistische Planung erspart einem nachher bei den Dreharbeiten einiges an Streß.

Unser Oberbeleuchter ist Liam McGill. Er ist nicht nur der Mann, auf den ich mich in puncto Beleuchtung hundertprozentig verlassen kann, sondern auch ein exzellenter Organisator, dem ich lediglich sagen muß, welchen Effekt ich erzielen und wie ich eine Szene ausgeleuchtet haben will. Er übernimmt die gesamte Planung und stellt die Beleuchtungsausrüstung zusammen, er engagiert die Bühnenarbeiter, man für die großen Scheinwerfer braucht, und beschafft die Gerüste und Kräne, kurz: alles, was an technischer Ausrüstung benötigt wird. Ich brauche lediglich zu sagen: ›Das will ich haben, kannst du dich darum kümmern?‹ Sein Job ist nicht gerade einfach. Er muß dafür

Sorge tragen, daß wir alle benötigten Ausrüstungsgegenstände vor Ort haben. Die gesamten Materialien sind in zwei Lastwagen unterzubringen, unter anderem der Generator, die Abdeckfahnen, Stative und Filter. Man glaubt kaum, was wir in diesen beiden Wagen alles mit uns herumschleppen.

Das Hauptproblem, dem wir uns diesmal bei der Drehortbesichtigung gegenübersahen, bestand darin, daß die meisten Häuser, in denen wir filmen wollten, sich im Besitz des National Trust befinden. Die Zimmer waren sehr groß. Das bedeutet, daß man eine Menge Licht und Strom und schließlich auch eine ganze Reihe von Bühnenarbeitern braucht. Und all das kostet sehr viel Geld. Dazu kamen aber auch noch allerhand Einschränkungen, die der National Trust uns auferlegte. So erlaubte man uns zum Beispiel nicht das Anbringen sogenannter Overheads. Es ist unmöglich, Scheinwerfer aufzuhängen, ohne in einem Raum die kostbare Stuckdecke oder die mit Brokat bespannten Wände zu beschädigen. Normalerweise würde man kurz unterhalb der Decke Gerüststreben für die Beleuchtung anbringen. Doch hier hatten wir es mit wertvollen Gebäuden zu tun, die einige hundert Jahre alt sind, so daß diese Möglichkeit nicht in Frage kam. Außerdem gab man uns strikte Anweisungen, welche Objekte wir nicht ausleuchten und in welchen Räumen wir kein offenes Kerzenlicht verwenden durften. Man wies uns an, alle Kabel zu verkleiden, um die Fußböden zu schonen, und die Gemälde durch große Polystyrolplatten vor dem Licht zu schützen. All das nahm mehr Zeit in Anspruch, als wir ursprünglich einkalkuliert hatten, und erschwerte die Aufgabe der Beleuchter erheblich. In einigen Häusern kamen noch spezielle Probleme hinzu. So befand sich an einer Saalwand des Belton House in Lincolnshire ein riesiges Ölgemälde – etwa zwölf mal zehn Meter groß –, das erst kürzlich restauriert und daher auch mit einem frischen Firnisüberzug versehen worden war. Das Gemälde war wirklich phantastisch, und Simon wollte, daß es den Hintergrund zu einigen Szenen mit Lady Catherine de Bourgh bildete. Doch es auszuleuchten, ohne daß es die Scheinwerfer reflektierte, war ein wahres Kunststück.

Während der Besichtigung erklärt das Designteam genau, wie es die Drehorte vor Beginn der Filmaufnahmen noch verändern wird. Anhand von Grundrißzeichnungen der Räumlichkeiten informiert es darüber, wo die Möbelstücke und anderen Einrichtungsgegenstände aufgestellt bzw. angebracht werden sollen. Unter Umständen entschließt man sich dazu, an den Fenstern Musselinvor-

Oben links: Lady Catherine vor dem großen Gemälde in Belton House.

Oben rechts: Simon probiert ihren Thron aus.

Mit Rankgewächsen verkleidete Gerüstsäulen in Brocket Hall.

Um die Blumenbeete zu schützen, wurden Gerüste für die Beleuchtung aufgestellt.

hänge anzubringen, wenn die Aussicht nicht in die Szene paßt oder die Beleuchtung es erforderlich macht.

Eine der Schwierigkeiten, die sich für die Dreharbeiten in Longbourn stellte, bestand darin, daß vor den Fenstern sehr große Scheinwerfer aufgebaut werden mußten, um die Blumenbeete von Mrs. Horn so auszuleuchten, daß man sie auch von drinnen sah. Es sollten aber auch Außenaufnahmen mit diesen Beeten gemacht werden. Deshalb mußten wir sicherstellen, daß sie durch das Aufstellen der Scheinwerfer nicht zerstört wurden. Das Problem wurde schließlich dadurch gelöst, daß wir die Lampen auf niedrige Gerüstplattformen stellten, die ebenso leicht aufgebaut wie entfernt werden können. Auf diese Weise trugen die Blumenbeete keinen Schaden davon.

DIE PROBELESUNG

Etwa zwei Wochen vor Beginn der Dreharbeiten werden alle an dem Projekt Beteiligten zum Durchlesen der Drehbücher, dem sogenannten »Read-through«, in die Proberäume der BBC eingeladen. Bei *Stolz und Vorurteil* hieß das, daß siebzig Leute zusammenkamen, die sich zu einem großen Teil noch nie vorher begegnet waren. Mehr noch, viele der Schauspieler, die nur in ganz bestimmten Szenen des Films auftreten, sahen sich bei dieser Gelegenheit nicht nur zum ersten, sondern auch zum letzten Mal. Da wir so viele Leute erwarteten, hatten wir uns entschlossen, eine Sitzordnung festzulegen. Sie sollte gewährleisten, daß auch die Schauspieler zusammensaßen, die in den gleichen Szenen spielten. Zum anderen gaben wir Simon damit eine faire Chance, seine Aufgabe, alle Anwesenden namentlich vorzustellen, schnell und problemlos zu erledigen.

»Das Lesen ist furchtbar anstrengend«, betont Simon Langton. »Alle sind nervös, jeder hat das Gefühl, als ob er zum ersten Mal auf der Bühne steht. Uns war klar, daß wir allein für das Durchlesen der Drehbücher etwa fünf Stunden brauchen würden – eine wahre Tortur. Wir waren besorgt, daß die Energie und der Enthusiasmus der Schauspieler im Laufe des Tages nachlassen könnten. Es gibt zwar Leute, die behaupten, bei einer solchen Sitzung käme es nicht so darauf an, wie man spricht und spielt. Aber dem halte ich eine Anekdote entgegen, die ich einmal über das Probelesen für den *Othello* gehört habe. Alle waren in Pullovern und Turnschuhen erschienen, rauchten und schienen schon gelangweilt zu sein, noch bevor es eigentlich begonnen hatte. Doch dann las Olivier mit einer solchen Überzeugungskraft, daß alle aufwachten und sich mitreißen ließen. Bei uns erzielte Alison Steadman diese Wirkung. Sie zog ab wie eine Rakete, mit erstaunlicher Energie, Kraft und Lautstärke – es war einfach phantastisch. Und man sah, wie die Leute sich aufrütteln ließen und mitmachten. Das gab der Veranstaltung den entscheidenden Kick!«

PROBEN

Uns blieb eine Woche Zeit für die Proben, was im Vergleich zur Arbeit am Theater nicht viel erscheint. Allerdings sollte man auch berücksichtigen, daß es bei Filmaufnahmen manchmal gar keine Proben gibt. Simon Langton beurteilt die Proben im nachhinein als durchweg positiv. »Die meiste Zeit verbrachten wir damit, über das Drehbuch zu sprechen. Während der Probenphase haben die Schauspieler Gelegenheit, Dinge zu tun, für die am Set keine Zeit mehr ist. Sie

Julia Sawalha und Adrian Lukis im Proberaum.

Sicherheitsrisiken: Schwimmen, Reiten und Kutschfahrten.

können verschiedene Interpretationen ihrer Rolle durchspielen und dabei auch etwas riskieren. Obendrein erhalten sie die Chance, sich kennenzulernen und ganz allmählich in ihre Rollen einzufinden.«

Außerdem brauchten die Schauspieler die Probenphase, um die Tänze einzustudieren, reiten zu üben (oder, wie in manchen Fällen, überhaupt erst zu erlernen), ihre Fertigkeiten im Fechten aufzufrischen, Klavierstunden zu nehmen und zu wissen, wie man zu einer Bandaufnahme synchron die Lippen bewegt. Auf diese Weise wurden die Kenntnisse vermittelt, die die Schauspieler später bei den Dreharbeiten brauchten.

GESUNDHEIT UND SICHERHEIT

Alles, was ein Risiko für die Schauspieler oder das Filmteam beinhaltet, wie Reiten, Fechten, Schwimmen oder der Einsatz von offenem Feuer, muß vorab der BBC auf einem Formular gemeldet werden. Es wird auch vermerkt, welche Sicherheitsvorkehrungen getroffen worden sind. Für eine Schwimmszene oder eine Episode, bei der zwei kleine Jungen an einem Seeufer angeln, hält man zum Beispiel Boote und ausgebildete Rettungsschwimmer bereit.

Wenn eine Szene für den Schauspieler als zu gefährlich eingestuft wird, werden Stuntleute eingesetzt.

Und für die Versicherung schließlich findet eine medizinische Untersuchung von Hauptdarstellern, Produzent und Regisseur statt, um festzustellen, ob sie fit genug sind, die vor ihnen liegenden Monate der Dreharbeiten durchzustehen.

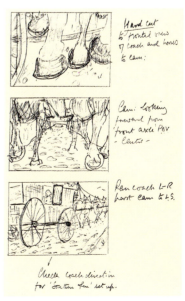

Storyboard von Simon.

ANMERKUNGEN DER SCHAUSPIELER:

ZUR PROBELESUNG

Lucy Davis:
»Vor der Probelesung war ich so nervös, daß ich mich entschloß, ganz früh hinzugehen. Ich hatte die schreckliche Vorstellung, daß ich in den Raum komme, und alle sind schon da, verstummen und starren mich an. Deshalb war ich schon Stunden vorher dort und habe ganz allein gewartet.«

Jennifer Ehle:
»Das Probelesen war wirklich schrecklich. Ich glaube, ich war als zweite da. Nur Lucy Davis war noch früher gekommen. Ich fühlte mich wie gelähmt vor Angst. Man weiß, daß man von den anderen beobachtet und in gewissem Maße auch beurteilt wird. Noch dazu hatte ich durch die vorgegebene Sitzordnung den Eindruck, als ob ich eine Vorstellung geben müßte. Mir ist es immer am liebsten, wenn ich mich in der hintersten Ecke verstecken kann, doch die Plätze hatten Namensschilder, so daß das nicht ging. Wenn es nach mir gegangen wäre, hätte ich von der Toilette aus gelesen!«

Crispin Bonham-Carter:
»Ich fühlte mich furchtbar, als ich ankam. Ich rannte auf die Herrentoilette, wo bereits Colin Firth saß und vor Nervosität laut stöhnte. Auch nicht gerade eine Ermutigung!«

David Bamber:
»Mir ging es so wie immer: Ich glaubte, jeden Moment müßte mir einer auf die Schulter klopfen und mich auffordern, den Raum zu verlassen – und zwar ohne Skript.«

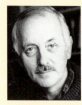

Ben Whitrow:
»Ich mußte bereits nach dem Ende der dritten Folge gehen, da ich zu der Zeit am West Yorkshire Playhouse in dem Stück *Forty Years On* auftrat und noch am selben Abend in Leeds Vorstellung hatte. Als wir mit den Proben begannen, erzählte man mir, daß der Executive Producer Michael Wearing bei der Lesung für mich eingesprungen ist und meine Rolle so ausgezeichnet gesprochen hat, daß der ganze Saal vor Lachen bebte.«

Julia Sawalha:
»Nach etlichen schlaflosen Nächten hatten wir die schreckliche Prüfung endlich hinter uns gebracht, und man teilte uns mit, daß Wein und ein kleiner Imbiß auf uns warteten. ›Wenn der Wein warm ist und sie ihn uns in Plastikbechern anbieten, müssen wir uns in den nächsten fünf Monaten auf einiges gefaßt machen‹, sagte ich zu Lucy Briers. Doch der Wein wurde gut gekühlt in langstieligen Gläsern serviert. Phantastisch!«

ZU DEN TANZPROBEN

Lucy Briers:
»Es war wie bei meiner ersten Tanzstunde in der Schauspielschule, wo die Mädchen kicherten und die Jungen versuchten, cool auszusehen, während sie durch den Saal hüpften.«

David Bark-Jones:
»Eines haben mich die Proben mit Sicherheit gelehrt: Das Sprichwort ›Übung macht den Meister‹ trifft nur auf Leute zu, die einen rechten und einen linken Fuß haben.«

Kapitel 8

DREHBEGINN

Andrew Davis hatte die Drehbücher für unsere Version von *Stolz und Vorurteil* ganz bewußt für die Filmkamera geschrieben. Sie enthalten sehr viele Szenen, die voller Bewegung stecken. Dies gilt sowohl für die Innenaufnahmen, bei denen wir den Schauspielern von Zimmer zu Zimmer folgen, als auch für die Außenaufnahmen in den weitläufigen Parklandschaften. Unser Drehplan mußte der Tatsache Rechnung tragen, daß sich das natürliche Licht selbstverständlich nicht wie die Beleuchtung im Studio manipulieren läßt. Ziel war es, vom ersten Tageslicht bis zum Einbruch der Dunkelheit zu drehen. Den größten Teil der Dreharbeiten hatten wir bewußt auf den Sommer gelegt. Angesichts des enormen Pensums, das vor uns lag, war es allerdings unumgänglich, auch noch nach Ende der Sommerzeit weiterzudrehen. Daher wurde unsere Arbeitszeit in den letzten Wochen durch die Zeitumstellung erheblich verkürzt. Andererseits waren wir so aber auch in der Lage, den Wechsel der Jahreszeiten einzufangen, der in *Stolz und Vorurteil* eine gewichtige Rolle spielt. Die Handlung erstreckt sich immerhin über einen Zeitraum von fünfzehn Monaten. Kurz nachdem Bingley Netherfield verlassen hat, setzt – wie um Janes Verlust widerzuspiegeln – tiefer Winter ein. Darcys Liebe zu Elizabeth erblüht im Frühling, und im Sommer sieht es dann ganz so aus, als wäre sie nun bereit, seine Zuneigung zu erwidern. Inzwischen reifer geworden, verloben sich im Herbst zunächst Jane und Bingley, bald darauf auch Elizabeth und Darcy. Zu Weihnachten findet dann schließlich die Doppelhochzeit beider Paare statt.

Ein Problem bestand darin, daß einige der längeren Außenaufnahmen im Herbst stattfinden mußten. Vor allem zwei sehr lange und entscheidende Szenen – Lady Catherines Besuch bei Elizabeth und Darcys zweiter Heiratsantrag – mußten spät im Jahr gedreht werden, als die Tage bereits recht kurz waren. Dazu kam, daß keine dieser Szenen im Regen spielen durfte; Lady Catherine, darin waren wir uns einig, würde nie einen Fuß in »diese hübsche, kleine Wildnis« setzen, wie sie den Garten von Longbourn nennt, wenn es in Strömen goß. Und für die Szene mit dem Heiratsantrag sollte nach unserer Vorstellung das Wetter so romantisch wie möglich sein. Um die Planung noch schwieriger zu machen, hatte Barbara Leigh-Hunt, die die Lady Catherine spielt, ein Engagement in Los Angeles und konnte erst in der letzten Woche der Dreharbeiten zurück sein. Doch der Himmel hatte ein Einsehen und schenkte uns zwei wunderbar sonnige, wenn auch kalte Herbsttage, an denen wir unter Ausnutzung des letzten Lichtes unsere Szenen in den Kasten bekamen.

80 **Stolz und Vorurteil**

Oben: Am Set. Warten auf den Auftritt.
Unten: Schauspieler und Filmcrew müssen eng zusammenarbeiten, sowohl drinnen (links) als auch draußen (rechts).

Drehbeginn 81

Darcys zweiter Heiratsantrag.

RUND UM DIE KAMERA
Erster Regieassistent

Während der Dreharbeiten arbeitet um die Kamera herum ein kleines, eingespieltes Team. Es ist entscheidend, daß diese Leute nicht nur genau erfassen, was der Regisseur will, sie müssen sich untereinander auch gut verstehen und in der Lage sein, eng zusammenzuarbeiten; und dies manchmal sogar ganz wörtlich, wenn sie sich nämlich in einem kleinen Zimmer zwischen Kameraausrüstung und Beleuchtung, Möbeln und Schauspielern bewegen.

Im Zentrum dieses Teams steht der erste Regieassistent, dessen Aufgabe es ist, die Wünsche und Anweisungen des Regisseurs weiterzugeben. Zeit ist Geld, und daher hat der erste Regieassistent dafür Sorge zu tragen, daß alle zur richtigen Zeit mit den richtigen Requisiten oder Ausrüstungsgegenständen am richtigen Ort sind. Und da es dabei nicht zu Auseinandersetzungen oder unnötigen Reibereien kommen sollte, sind Takt und Einfühlungsvermögen genauso wichtige Eigenschaften eines ersten Regieassistenten wie Effizienz.

Oben: Dreharbeiten finden bei jedem Wetter statt.

Ganz oben: Lady Catherines großer Auftritt.
Oben: Manchmal ist selbst für die Hauptdarstellerin kein Platz.

DAS KAMERATEAM

Als erster Kameramann leuchtet John Kenway jede Aufnahme aus und überwacht die Arbeit des Kamerateams. Roger Pearce, der zweite Kameramann, ist sozusagen die visuelle Schnittstelle zwischen John, Simon und den Schauspielern, da nur er sieht, welche Bilder die Kamera einfängt. Für gewöhnlich probt Simon eine Szene mit den Schauspielern, und Roger macht Vorschläge, was sich aus dem Blickwinkel der Kamera noch verbessern läßt. Außerdem hat er einen wesentlichen Einfluß auf die Komposition der Bilder, indem er Anregungen zu der Positionierung von Möbelstücken oder anderen Requisiten gibt.

In der Zwischenzeit bereitet Rob Southam, der Kameraassistent, die Kamera auf die Aufnahme vor, indem er das erforderliche Objektiv einsetzt und

John Kenway prüft die Einstellung.

Das Kamerateam bei der Arbeit.

überprüft, ob alles staubfrei ist. Während der Proben mißt er die Entfernung zwischen der Kamera und den Gesichtern der Schauspieler, um selbst dann noch scharfe Bilder zu erhalten, wenn im Verlauf der Szene die Kameraposition geändert wird. Zu Adam Coles Aufgaben gehört es, den Film einzulegen und Markierungen auf dem Boden anzubringen, die den Schauspielern anzeigen, wo genau sie zu stehen haben. Außerdem hat er, sobald die Kamera zu laufen beginnt, die Szene anzukündigen und die Klappe zu schlagen, damit Ton und Bild synchronisiert werden können.

Die Kamera wird entweder mit der Hand geführt oder sie befindet sich, und dies kommt wesentlich häufiger vor, auf einem Stativ oder Kamerawagen. Dieser sogenannte Dolly läuft mit seinen Rädern auf dem Boden, auf Brettern oder auf Schienen, die denen einer Eisenbahn nicht unähnlich sind. Der Effekt ist, daß die Kamera gleichsam neben den Schauspielern hergehen kann. Der Dolly wird vom Kamerabühnenmann, in diesem Fall war es Brendan Judge, geschoben. Er muß das Tempo so halten, daß der Kameramann scharfe Bilder machen kann.

Oben: Brendan beim Verlegen der Schienen, ...
Darunter: ... auf denen der Kamera-Dolly läuft.

CONTINUITY

Es ist von größter Bedeutung, daß die Aufmerksamkeit der Zuschauer, die in die Geschichte des Films eintauchen wollen, nicht durch etwaige Ungereimtheiten abgelenkt wird. Wie zum Beispiel durch ein Glas, das ein Schauspieler in der einen Szene noch in der Hand hält, welches aber in der nächsten auf unerklärliche Weise verschwunden ist. Sue Cleggs Aufgabe war es, sich darum zu kümmern, daß genau so etwas nicht geschieht. »Während der Aufnahmen stehe ich neben der Kamera und achte nicht nur darauf, daß die Schauspieler ihre Textpassagen korrekt wie-

Eingangs- und Schlußsequenzen des Films – beide Szenen wurden mit der Steadicam gedreht.

dergeben, sondern mache mir auch Notizen, was sie in der Szene tun. Wenn sie sich setzen oder aufstehen, essen, trinken, nähen oder auch nur den Kopf wenden, vermerke ich genau, zu welchem Zeitpunkt dies geschieht. Je mehr Schauspieler in der Szene mitwirken, desto komplizierter wird es natürlich. Wenn Teile der Szene aus einem anderen Aufnahmewinkel noch einmal gedreht werden sollen, erinnere ich jeden Schauspieler daran, was genau er bei der ersten Aufnahme getan hat, damit nachher, wenn der Film geschnitten ist, keine Ungereimtheiten offenkundig werden.«

BELEUCHTUNG

Grundlegend für die Ausleuchtung jeder Szene ist die Frage nach der Lichtquelle und nach der Richtung, aus der das Licht kommen soll. Für eine Szene beispielsweise, die bei Tag in einem Raum spielt, ist als Quelle das Sonnenlicht

Für die Continuity wird die Position der Kamera festgehalten, um die Aufnahmen später abstimmen zu können.

Der Eßsaal in Netherfield: Herrichten des Tisches zwischen den Aufnahmen.

Tim Wylton und Joanna David als Mr. und Mrs. Gardiner.

Anthony Calf als Colonel Fitzwilliam.

denkbar, das durchs Fenster fällt. Um es zu simulieren, stellt man draußen Scheinwerfer auf. In einem modernen Haus werden sich für gewöhnlich als sogenannte »funktionierende Requisiten« Decken-, Wand- oder Stehlampen befinden, die über einen Schalter bedient werden können. Auch wenn man für die Aufnahme noch zusätzliches Scheinwerferlicht einsetzt, hat der Zuschauer den Eindruck, als ob der Raum nur durch die funktionierenden Requisiten beleuchtet wird. Doch für einen Film, der um das Jahr 1813 auf dem Land spielt, sind die Möglichkeiten beträchtlich eingeschränkt. Zu dieser Zeit gab es keine Straßenbeleuchtung, und die Zimmer wurden mit Kerzen illuminiert. John Kenway sah sich also vor einige Probleme gestellt. »Es ist sehr schwierig, den Eindruck zu erwecken, daß ein Zimmer nur durch Kerzen erhellt wird, und gleichzeitig zu gewährleisten, daß der Zuschauer noch genug erkennen kann. Ich nehme an, daß es selbst in den größeren Häusern mit ihren Kronleuchtern nur im direkten Schein der Lichtquellen hell war. Und in kleineren Häusern wurden aus Kostengründen Kerzen ohnehin nur sparsam eingesetzt. Wir müssen die Balance finden zwischen dem, was aufgrund der Gegebenheiten wahrscheinlich gewesen ist, und dem, was realistisch aussieht. Ich versuche, die richtige Wirkung zu erzielen, indem ich weiches, warmes Licht wähle und die Illusion erwecke, als sei seine Quelle eine funktionierende Requisite.

Außenaufnahmen bei Nacht bringen jeden Kameramann in Verlegenheit. Wie soll man eine Nachtszene ausleuchten, wenn keinerlei glaubwürdige Lichtquellen zur Verfügung stehen? Der belegbare Sachverhalt, daß Bälle damals vornehmlich um die Zeit des Vollmonds abgehalten wurden, damit die Kutscher leichter den Weg fanden, hat uns sehr geholfen. Deshalb installierten wir immer einen ›Mond‹, dessen bläuliches Licht die Grundbeleuchtung darstellte. Zusätzlich versuchten wir für diese Szenen noch ein paar funktionierende Requisiten zu finden, die sich einsetzen ließen. Die Höfe und Hofeinfahrten der größeren Häuser wie Pemberley und Netherfield wurden durch Fackeln erhellt. Zudem gab es Diener, die mit Fackeln den Kutschen vorangingen, um ihnen den Weg zu weisen. Für die Nachtszene vor dem Festsaal von Meryton bildeten natürlich die erleuchteten Fenster des Festsaals selbst eine Lichtquelle. Dazu stellten wir aber auch noch in mehreren Häusern von Lacock Scheinwerfer auf, um Kerzenlicht zu simulieren, das auf die Straße fällt. Außerdem hatten wir auch hier Diener mit Fackeln vor der Tür und als Begleitung der Kutschen. Mit Hilfe dieser Lichtquellen und unseres ›Mondes‹ war dann tatsächlich die ganze Straße so gut erleuchtet, daß nicht nur die heranfahrenden Kutschen bestens erkennbar sind, sondern auch die reichen Gäste aus Netherfield, die ihnen entsteigen.«

TON

Die Dialoge für einen Historienfilm im England des 20. Jahrhunderts aufzunehmen ist keine leichte Aufgabe. Großbritannien ist ein kleines Land, und ebenso gut ausgebaute wie vielbefahrene Straßen sind nie weit. Hat man Pech und der Wind kommt aus der falschen Richtung, kann aus dem fernen Summen ein konstantes Dröhnen werden. Und dann sind da noch die Wagen der Eisverkäufer, die Trecker, die Kettensägen und Flugzeuge. Es ist Sam Breckmans Aufgabe, all diese Geräusche in der Nähe des Drehorts so weit als möglich zu dämpfen.

JENNIFER EHLE UND ELIZABETH BENNET

Ich war so aufgeregt, als wir mit den Dreharbeiten anfingen. Ich wußte, daß mir während der gesamten fünf Monate nur fünf freie Tage blieben, da Elizabeth in beinahe jeder Szene auftritt. Doch das schreckte mich nicht im mindesten ab. Den Text für den ersten Monat hatte ich bereits im voraus gelernt. Dadurch fühlte ich mich sicherer und mußte mich nicht jeden Abend im Hotelzimmer verkriechen, um den Text für den nächsten Tag zu lernen.

Es dauerte täglich fast zwei Stunden, bis ich angezogen und geschminkt war, so daß ich immer schon zwischen halb sechs und sechs Uhr morgens am Set sein mußte.

Ich hielt mich für den glücklichsten Menschen auf der Welt, weil ich einen ganzen Sommer lang Elizabeth Bennet sein durfte. Das war einfach großartig! Doch nach zehn Wochen Dreharbeiten fühlte ich mich vollkommen erschöpft. Die anderen versuchten mich zu ermutigen: ›Mach dir nichts draus, die Hälfte haben wir schon geschafft‹. Aber ich hatte einfach nur noch Angst. Die Rolle der Elizabeth ist wundervoll, aber man wird ein bißchen verrückt im Kopf, wenn man über einen derart langen Zeitraum hinweg jeden Tag jemand anderer sein soll, der einem noch dazu äußerlich vollkommen unähnlich ist. Glücklicherweise war für diesen Zeitpunkt eine fünftägige Probenphase in London angesetzt, so daß die Arbeitstage kürzer waren und ich zu Hause wohnen konnte. Ich schlief so oft und viel, wie ich nur konnte, um Kraft für die nächsten fünf Wochen zu tanken. Manchmal bin ich sogar während der Szenenumbauten, wenn die Beleuchtung neu eingerichtet wurde, eingeschlafen. Man wird es kaum glauben, aber einmal bin ich sogar zwischen zwei Aufnahmen eingenickt!

Meine letzte Szene war die mit Lady Catherine de Bourgh. Als wir fertig waren und Simon ›Schnitt!‹ rief, stand ich wie unter Schock. Ich konnte nicht glauben, daß alles vorbei war. Es ist etwas anderes, wenn man fünf Monate lang eine Rolle in einem Theaterstück spielt, weil man da tagsüber sein eigenes Leben führt. Dagegen war man während der Dreharbeiten für diesen Film fünf Monate lang aus allem Alltäglichen und Normalen herausgerissen – isoliert wie auf einem Schiff. Einerseits war ich froh, wieder ich selbst sein zu können, auf der anderen Seite aber traurig, daß es nun vorbei war. Mein Sommer als Elizabeth Bennet war wunderbar.

Die Anfechtungen im Leben von Schauspielern.

Dreharbeiten in Lacock.

»Militärflughäfen sind immer ein Problem, und in England scheint es sie im Überfluß zu geben. Wenn ein Drehort sich in der Nähe einer Airforce-Basis befindet, spreche ich bei den Kommandeuren vor und versuche eine Vereinbarung auszuhandeln. Im Vergleich zu ihren Einsatzplänen ist eine Filmproduktion in den Augen der Militärs natürlich unwichtig. Aber sie bemühen sich eigentlich immer, mit uns zu kooperieren und die Übungsflüge nicht über dem Drehort abzuhalten. Außerdem nehmen wir jeden Tag Kontakt zu ihrem Tower auf, so daß wir im voraus von den Flugzeiten Kenntnis erhalten und uns mit den Dreharbeiten danach richten können.«

Brian Marshall muß für jede Szene entscheiden, ob die Dialoge mit drahtlosen Mikros oder der Tonangel aufgenommen werden sollen. Bei letzterer handelt es sich um ein Mikrofon, das am Ende einer langen Stange befestigt und mit dem Aufnahmegerät verbunden ist. Für *Stolz und Vorurteil* wurde die Tonangel von Keith Pamplin bedient. Die drahtlosen Mikrofone dagegen, die ihre Signale über einen Transmitter an das Tonaufzeichnungsgerät weiterleiten, werden am Körper der Schauspieler angebracht, und zwar so, daß man sie unter den Kostümen nicht sehen kann. Sie werden vor allem in Szenen verwendet, in denen sich die Schauspieler über eine längere Zeit hinweg bewegen und dabei miteinander sprechen oder wenn man mit der Tonangel nicht nah genug an die Schauspieler herankommt, ohne daß das Mikro im Bild sichtbar wird. Die meisten Aufnahmeleiter ziehen, wenn möglich, den Einsatz eines Mikrofons an einer Angel vor.

Auch bei Tonaufzeichnungen, die in geschlossenen Räumen stattfinden, können eine Reihe von Schwierigkeiten auftreten. Vor allem dann, wenn wie im Fall der beiden Ballszenen auch noch Musiksequenzen dazukommen. Es wäre zwar möglich gewesen, die Tänze vom Dialog getrennt zu filmen, doch wir wollten in jedem Fall den Eindruck entstehen lassen, daß das Tanzen ein wesentlicher Teil des Geschehens ist. Brian löste dieses Problem, indem er alle Tanzenden mit Ohrhörern ausstattete. Über eine als Tontransmitter verwendete Induktionsschleife, die im Ballsaal angebracht wurde, war über die Ohrhörer die von einem separaten Tonband abgespielte Musik zu empfangen, so daß die Schauspieler sie hören und im Takt dazu tanzen konnten. Die Dialoge wurden dann auf einer anderen Tonspur aufgezeichnet.

DER DREHTAG

Kein Drehtag gleicht dem anderen. Allgemeines Ziel ist es, möglichst zehn bis elf Stunden am Tag zu filmen, von acht Uhr morgens bis halb sieben oder sieben Uhr abends. Allerdings ist es damit noch nicht getan, denn die überwiegende Zahl der Beteiligten muß wesentlich länger arbeiten. Die Schauspieler brauchen unter Umständen bis zu zwei Stunden, bis sie angezogen und geschminkt sind, so daß sie bereits um halb sechs morgens vom Hotel abgeholt werden müssen, wenn sie noch am Set frühstücken wollen. Es versteht sich von selbst, daß zu diesem Zeitpunkt auch der Arbeitstag der Maskenbildner beginnt. Sam ist als erster am Drehort, um sich eventuell anfallender Probleme annehmen zu können. Er geht auch als letzter, um sich zu vergewissern, daß alle sicher ins Hotel kommen. Außerdem untersucht er dann noch den Drehort auf möglicherweise entstandene Schäden. John und sein Team müssen bis zu den um acht Uhr beginnenden Dreharbeiten die Beleuchtung aufgebaut haben. Simon, Sue Clegg und der erste Regieassistent besichtigen alle Drehorte, an denen an diesem Tag gefilmt werden soll. Dabei verständigen sie sich noch einmal über die Konzeption für die einzelnen Szenen. Designer und Ausstatter überprüfen ein letztes Mal den Drehort und bauen die Requisiten auf, so daß schließlich um acht Uhr alles bereit ist für die Aufnahme der ersten Szene.

Am Ende eines Drehtages werden alle Kostüme eingesammelt und die Waschmaschinen in Gang gesetzt. Schuhe werden geputzt, Mäntel abgebürstet, die Hüte weggeräumt und Unmengen von Kleidungsstücken aufgebügelt. Wenn die Schauspieler nach dem Abschminken die Maske verlassen haben, werden die Perücken gewaschen und für den nächsten Tag frisiert. Man baut die Beleuchtung ab, packt die Requisiten ein und bringt die Pferde in ihre Ställe zurück. Das Catering-Team spült das Geschirr und verstaut es. Sue tippt ihre Notizen zur Continuity ab, während der zweite und dritte Regieassistent die Fahr- und Transportpläne für den nächsten Tag ausarbeiten. Sue und Simon setzen sich zusammen, um die abgedrehten Szenen zu diskutieren und sehen sich die Muster von den Dreharbeiten des vorigen Tages an. Einmal in der Woche findet ein Produktionstreffen mit allen Abteilungsleitern statt.

Ein Blick auf den Ablauf eines Drehtages mag einen Eindruck davon vermitteln, welchen Belastungen die Beteiligten ausgesetzt sind. Freitag, der 14. Oktober 1994 markierte den Abschluß einwöchiger Dreharbeiten im in Wiltshire gelegenen Lacock. Es war insofern ein ungewöhnlicher Tag, als wir von halb zwei Uhr mittags bis kurz vor Mitternacht drehten. Und wir hatten an diesem Tag auch wesentlich mehr Besucher als sonst.

Brian zeichnet bei einer Innen- und einer Außenaufnahme den Ton auf.

John Collins beim Vorbereiten des Sets.

Lucy Davis' Reaktion auf den Arbeitsbeginn um 4 Uhr morgens.

DER ABLAUF EINES DREHTAGES

FREITAG, 14. OKTOBER 1994
Nachts
Das Filmmaterial des vorangegangenen Tages wird entwickelt und die Tonmuster übertragen.

7.30 Uhr
Sam (Location Manager) ruft den Flughafen Bristol an und erkundigt sich nach der Wettervorhersage für unser Gebiet.
Alan sieht sich in aller Eile im Labor die Muster vom Vortag (Bildmaterial ohne Ton) an, um zu prüfen, ob die Belichtung stimmt, sich keine Kratzer auf den Negativen befinden und die Bilder scharf sind. Dann läßt er die entwickelten Muster mit einem Lieferwagen zum Schneiden bringen.

Die erste Kutsche trifft am Drehort ein.

8.00 Uhr
Der Catering Manager fährt zum Markt, um frische Lebensmittel einzukaufen, mit denen 110 Personen beköstigt werden müssen.
Die ersten Pferde werden zum Drehort gebracht.

8.30 Uhr
Cutter und Cutterassistent sehen sich die Einlichtmuster vom vorigen Tag an und entdecken, daß bei der langen, mit der Steadicam gefilmten Szene von Elizabeth und Wickham in den Fenstern entlang der Straße einige Filmscheinwerfer zu erkennen sind. Sie sehen das gesamte Material durch, um festzustellen, ob sie die Szene so schneiden können, daß man die Lampen nicht sieht. Es ist unmöglich. Damit stehen wir vor einem großen Problem.
Die Abteilung für künstlerische Gestaltung bereitet den Untergrund auf den Dorfstraßen für die Dreharbeiten vor.
Ein lokaler Radiosender bringt einen Beitrag über unsere Arbeit.

9.00 Uhr
Der Cutter ruft das Aufnahmeteam an, um mitzuteilen, daß Teile der Szene noch einmal gedreht werden müssen. Das bedeutet, daß zusätzlich zu dem für diesen Tag vorgesehenen Arbeitspensum auch noch einmal alle Requisiten, Beleuchtungsanlagen und Kameras für diese Szene aufgebaut werden müssen. Der Kameramann, der die Steadicam bedient, ist gestern abgereist, so daß wir also nicht die gesamte Sequenz wiederholen können. Der Cutter schlägt eine überleitende Einstellung vor. Wir müssen uns das Material ansehen, um entscheiden zu können, was noch einmal gedreht werden soll. Der Cutterassistent kopiert die Muster auf eine VHS-Kassette und schickt sie per Kurier nach Wiltshire.

Paul (Production Manager) paßt den Drehplan den neuen Erfordernissen an. Drei Schauspieler, die schon entlassen sind, müssen zurückgerufen werden. Roger Barclay ist in London und Adrian Lukis plant, nach Cornwall abzureisen. Die Koordinatorin telefoniert mit Barclay in London und bittet ihn, den nächsten Zug in Paddington Station zu nehmen. Da Barclay zu Proben in der Schauspielschule erwartet wird, verspricht der Koordinator, dort anzurufen und ihn zu entschuldigen.

Wayne und seine für den Transport zuständigen Mitarbeiter reinigen die Wagen der Kostüm- und Makeupabteilung und den Aufenthaltsraum der Schauspieler, die Toiletten und das mobile Produktionsbüro.

9.30 Uhr
Paul setzt die einzelnen Abteilungen über die Änderungen des Drehplans in Kenntnis. Die Dispo wird entsprechend geändert.
Der zweite Regieassistent informiert die Schauspieler und organisiert deren Transport zum Set.
Im Schneideraum verbindet der Cutterassistent Ton- und Bildmaterial des vorigen Tages und schreibt die Negativberichte.
Die Abteilung für künstlerische Gestaltung baut eine Ladenfassade auf.

Drehbeginn 89

Simon bespricht eine Szene mit Susannah und Jennifer.

10.00 Uhr

Die Koordinatorin nimmt die Umbuchung für Adrian Lukis vor, der nun erst später abreisen wird.

Die dritten Regieassistentinnen holen Susannah Harker, Polly Maberly, Lucy Briers und David Bark-Jones aus dem Hotel ab.

Die Koordinatorin ruft in der Schauspielschule von Roger Barclay an, um mitzuteilen, daß er wegen der Wiederholung einer Aufnahme nicht zu den Proben kommen kann.

Zusätzliche Mitarbeiter für Garderobe und Maske treffen ein; sie sind für die zweiundfünfzig Nebenrollen zuständig.

Adrian Lukis wird aus dem Hotel abgeholt.

Die ersten Zuschauer treffen am Drehort ein.

10.30 Uhr

Jennifer Ehle und Julia Sawalha werden in die Maske gebeten.

Die ersten Schauspieler für die Nebenrollen treffen ein, um geschminkt und umgezogen zu werden.

Zusätzlich engagierte Maler streichen die Fassaden der kleinen Geschäfte.

Sam läßt sich den letzten Wetterbericht durchgeben.

Die ersten Reporter und Fotografen von der örtlichen Presse treffen ein; sie wollen eine Story über die Dreharbeiten machen.

Der Cutter sieht sich die synchronisierten Aufnahmen des vorigen Tages an. Seine Assistenten schreiben den Drehbericht.

11.00 Uhr

Der Regisseur trifft am Set ein und besichtigt den Drehort, um seine Entscheidung darüber zu fällen, wie er die einzelnen Szenen gedreht haben will.

Die Continuity überprüft den Drehort nach den Vorgaben des Skripts.

Die Schauspieler, die die Soldaten spielen werden, treffen ein und werden in die Maske und zum Umziehen geschickt.

Der Cutter beginnt mit dem Schneiden der Muster des vorangegangenen Tages.

Jemand aus dem Transportteam macht sich auf den Weg nach Chippenham, um Roger Barclay vom Bahnhof abzuholen.

11.30 Uhr

Regisseur, erster Kameramann, erster Regieassistent und Continuity besichtigen den Drehort, um die zu filmenden Szenen durchzugehen. Danach bespricht sich der erste Kameramann mit dem Oberbeleuchter, der mit der Einrichtung der Beleuchtung beginnt.

Susannah Harker, Polly Maberly und Roger Barclay in die Maske.

Julia Sawalha, Lucy Briers und David Bark-Jones in die Garderobe.

John Collins und die zusätzlich engagierten Requisiteure sehen die Spielrequisiten durch, die an diesem Tag gebraucht werden.

Sue entdeckt an Colin Firth ungeahnte Fähigkeiten als Regisseur.

12.00 Uhr

Die Videokassette ist da. Regisseur, Produzentin, Bühnenbildner, der erste Kameramann und sein Team, Location Manager, Continuity und Regieassistenten quetschen sich in das Wohnzimmer der Wirtin, um sich das Video anzusehen. Man bespricht, welche Aufnahmen wiederholt werden sollen. Dann informiert der Production Manager alle Abteilungen über die Entscheidung.

Der Regisseur redet mit den Schauspielern. Die Abteilung für künstlerische Gestaltung trifft Vorbereitungen für die zusätzliche Szene. Der Kameramann bespricht sich mit dem Oberbeleuchter. Lucy Briers und David Bark-Jones werden in die Maske gebeten.

Adrian Lukis und Roger Barclay zum Umziehen.
Colin Firth, David Bamber und Crispin Bonham-Carter werden aus dem Hotel abgeholt.
Umfassender Bericht über die Muster vom Cutter. Der Associate Producer leitet den Bericht an die Produzentin, den Regisseur und den Kameramann weiter.
Mark (künstlerischer Leiter) und Barry (Chef-Bühnenbildner) geben dem örtlichen Radiosender ein Interview.
Sue Birtwistle wird von der Lokalzeitung interviewt.

12.30 Uhr

Der Standfotograf trifft am Set ein. Von jetzt an bis zum Ende der Dreharbeiten wird er die einzelnen Szenen und die Arbeit des Teams dokumentieren.
Sue und Gerry geben dem lokalen Radiosender ein Live-Interview.
Weitere Zuschauer gesellen sich zu uns. Gegen Ende des Tages werden etwa 300 Menschen da sein, die uns zusehen.

13.00 Uhr

Das Team von »Biteback« trifft ein. Bis um 16.00 Uhr werden sie uns bei den Dreharbeiten filmen. Die Kutschen sowie die Pferde und ihre Betreuer sind am Set angekommen: 1 grüner Einspänner, 1 graues Pferd, 1 Zugpferd, 2 Kutscher.
Kamerakran und –lift treffen am Drehort ein.
Jennifer Ehle in die Garderobe.
Der Pressebetreuer der BBC trifft mit den beiden Gewinnern des vom Penguin-Verlag veranstalteten Middlemarch-Essay-Wettbewerbs ein. Ihr Gewinn besteht aus einem Besuch der Dreharbeiten von *Stolz und Vorurteil*.

13.30 Uhr
Jennifer Ehle, Julia Sawalha, Polly Maberly, Adrian Lukis, Roger Barclay und David Bark-Jones beginnen mit den Proben am Set.
Der erste Regieassistent und sein Team weisen den Darstellern der Nebenrollen ihre Positionen zu.
Colin Firth und Crispin Bonham-Carter in die Maske.
David Bamber in die Garderobe.
Beginn der Aufnahmen für die zu wiederholende Szene.
Die Koordinatorin holt noch einmal den Wetterbericht ein.
Die Buchhalterin bereitet die Reisekostenabrechnung für die Darsteller der Nebenrollen vor.
14.00 Uhr
Die Lehrfilmabteilung der BBC trifft ein, um eine Dokumentation für Schulen zu drehen.
David Bamber zum Make-up. Susannah Harker, Crispin Bonham-Carter und Colin Firth zum Umkleiden.
Die nachgedrehte Pick-Up-Aufnahme ist im Kasten.
Der Standfotograf hat fünf Minuten, um Aufnahmen von Julia Sawalha und Adrian Lukis zu machen.
Roger Barclay und David Bark-Jones werden entlassen. Sie gehen zum Umziehen und Abschminken. Es werden Vorkehrungen getroffen, um sie zum Hotel beziehungsweise zum Bahnhof in Chippenham zu bringen.
Die Vorbereitungen zur Aufnahme der nächsten Szene werden getroffen.
Die Lehrfilmabteilung der BBC macht ein Interview mit Adrian Lukis, der danach ins Wochenende entlassen wird.
Das Cateringteam wäscht das Geschirr vom Mittagessen ab.
Wayne und seine Leute reinigen die Kantinenbusse.
14.30 Uhr
Jennifer Ehle, Julia Sawalha und Polly Maberly müssen sich andere Kostüme anziehen, bevor sie gemeinsam mit Colin Firth, Susannah Harker, Lucy Briers, David Bamber und Crispin Bonham-Carter am Set die nächste Szene proben.
Die Pferde für Darcy und Bingley werden zum Set gebracht.
»Biteback« macht ein Filminterview mit Sue Birtwistle. Eine ganze Schulklasse sieht ihnen dabei zu und macht sich emsig Notizen.
Der Lokalsender interviewt Dinah Collin, Sam Breckman und Julia Sawalha.
Szene 2/12 wird gedreht.
15.00 Uhr
Anna Chancellor zum Make-up.

Die Lehrfilmabteilung der BBC filmt die Dreharbeiten.
In Chippenham trifft per Eilkurier ein Hut ein, den wir für eine Nachtszene brauchen. Ein Fahrer wird losgeschickt, um ihn abzuholen.
Sue liest die preisgekrönten Essays des Middlemarch-Wettbewerbs, unterhält sich mit den Preisträgern und stellt ihnen die Schauspieler und das Drehteam vor.
Szene 2/12 ist fertig gedreht.
»Biteback« interviewt Dinah Collin.
Die Trickabteilung überprüft die Fackeln für die Nachtaufnahmen.

15.30 Uhr
Vic Young verdunkelt Fenster.
Für die Nachtszenen installieren die Elektriker Scheinwerfer hinter den Fenstern.
Das Team zieht zum nächsten Drehort, einer Brücke am Rand des Dorfs.
Jennifer Ehle, Susannah Harker, Lucy Briers, Julia Sawalha, Polly Maberly und David Bamber proben Szene 2/11.
Polizisten leiten den Verkehr um.

Szene 2/11 wird gedreht.

16.00 Uhr
Einige Nebendarsteller müssen sich für die Aufnahmen am Abend umziehen und neu geschminkt werden.
Paul erstellt die Dispo für den nächsten Drehtag, nachdem er sich mit Maske, Kostümabteilung und erstem Regieassistenten besprochen hat.

16.30 Uhr
Lucy Robinson in die Maske.
Rupert Vansittart zum Umziehen.
Szene 2/11 ist abgeschlossen. Das Team zieht wieder ins Dorf zurück.
Der Standfotograf macht einige Innenaufnahmen mit den Schauspielern.

17.00 Uhr
Anna Chancellor und Lucy Robinson in die Garderobe.
Kamerakran und Lift werden am Set in Position gebracht.
Professor Marilyn Butler trifft für ein Interview mit Colin Firth ein, das in einem Raum des Pub gedreht wird.

Die Tagesdisposition wird fotokopiert.
Sue Clegg tippt ihre Notizen zur Continuity der bisher gedrehten Szenen ab.
Bereits vorhandene Muster werden eingepackt und beschriftet.
Folgende Schauspieler können sich umziehen und für heute Feierabend machen: Jennifer Ehle, David Bamber, Susannah Harker, Julia Sawalha, Polly Maberly und Lucy Briers.

17.30 Uhr
Die Kutschen werden bereitgestellt: Bingleys und die der Bennets, ein großer Jagdwagen und ein roter offener Einachser.
Tiere am Set: 2 Pferde für die Bennets, 4 für Bingley, 1 Reitpferd, 1 Pferd für den roten Wagen; außerdem befinden sich 4 Betreuer für die Pferde am Set.
Die dritte Runde Abendessen wird serviert.
Die Trickabteilung präpariert die Fackeln. Die großen Scheinwerfer werden für die Nachtaufnahmen installiert.
Montieren des Praktikabels für die Kamera.
Berichte über unsere Arbeit werden vom Regionalfernsehen und verschiedenen Radioprogrammen ausgestrahlt.

18.00 Uhr
Im Red Lion werden die Scheinwerfer aufgestellt, die wir für die vor dem Festsaal spielenden Szenen brauchen.
Die letzten Abendessen werden serviert.
Letzter Kostüm- und Make-up-Check.
Die Pferdetränke wird für den Stunt mit Wasser gefüllt.
David Bamber fährt mit dem Wagen nach London ab.
Adrian Lukis und Roger Barclay werden zum Bahnhof in Chippenham gebracht.
Susannah Harker, Lucy Briers, Polly Maberly und Julia Sawalha kehren ins Hotel zurück.

18.30 Uhr
Colin Firth, Anna Chancellor, Lucy Robinson, Rupert Vansittart und Crispin Bonham-Carter proben auf dem Set Szene 1/17.
Außer ihnen spielen in dieser Szene vier Hunde und fünfunddreißig Schauspieler in Nebenrollen mit.
Peter Mares und die Gewinner des Essay-Wettbewerbs machen sich auf die Rückreise nach London.
Weitere Schaulustige treffen ein.

19.00 Uhr
Die Proben für die Ankunft der Kutschen werden fortgesetzt.
In den Umbaupausen wird das Filminterview mit Colin Firth fortgesetzt.
Das Cateringteam macht den Abwasch vom Abendessen.
Das Transportteam reinigt die Kantinenbusse.

19.30 Uhr
Die Dreharbeiten für Szene 1/14 beginnen.
Noch mehr Zuschauer finden sich ein.

20.00 Uhr
Die Lehrfilmabteilung der BBC packt ein und macht sich auf den Heimweg.

21.00 Uhr
Inzwischen ist es empfindlich kalt geworden. Bei der Arbeit wird heißer Kakao und ein kleiner Imbiß angeboten. Die Nachtaufnahmen werden mit Szene 1/17 fortgesetzt.

21.30 Uhr
Eine Schauspielerin, die für eine der Nebenrollen engagiert wurde, ist gegen Pferde allergisch und erleidet einen schweren Asthmaanfall. Paul Broderick leistet erste Hilfe, und die Schauspielerin wird zu einem Arzt gebracht.

22.00 Uhr
Die Dreharbeiten dauern noch bis 23.30 Uhr und werden bis zum Schluß von einer aufmerksamen Menge verfolgt.
Sam bringt allen Anwohnern der Hauptstraße Blumen vorbei, um sich für ihre Mithilfe zu bedanken.

23.30 Uhr
Ende der Dreharbeiten.
Die Schauspieler ziehen sich um und schminken sich ab.
Die Pferde werden auf Anhänger verladen, um zurückgebracht zu werden. Die Kutschen werden zurückgebracht.
Scheinwerfer und Praktikabel werden abgebaut.
Die Kameraausrüstung wird kontrolliert und eingepackt.
Die Muster werden versandfertig gemacht und von einem Kurier eingesammelt, der sie zum Labor bringt.

24.00 Uhr – Mitternacht
Kostüm- und Make-up-Abteilung räumen auf.
Wayne und seine Mannschaft schließen alle Fahrzeuge ab. Am nächsten Tag wird das gesamte Team zum Hauptdrehort zurückfahren.

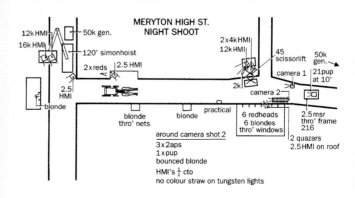

John Kenways Kameraplan für eine Nachtszene.

FREIZEIT

Über fünf Monate hinweg jeden Tag mindestens zwölf Stunden zu arbeiten ist selbstverständlich sehr anstrengend. Man darf aber nicht vergessen, daß sich alle Beteiligten diese Arbeit freiwillig ausgesucht haben und der Job im Vergleich zu vielen anderen sehr viel Spaß macht. Es entstehen dauerhafte Freundschaften, wenn eine derart große Gruppe von Menschen monatelang so eng miteinander zu arbeiten gezwungen ist. Und man muß auch Zeit finden, sich zu entspannen. Ron Sutcliffe wurde zum Freizeitmanager ernannt. Er rief eine wöchentlich stattfindende Lotterie ins Leben und organisierte Quizabende, zahlreiche Barbecues und Boccia-Wettbewerbe. Mehrere Geburtstage wurden mit großen Torten gefeiert. Sogar eine Verlobung fand in dieser Zeit statt, und drei Kinder kamen zur Welt. Dafür, so beeile ich mich hinzuzufügen, war allerdings nicht das frischgebackene Paar verantwortlich – so lange dauerten die Dreharbeiten dann doch wieder nicht!

Alison Steadman:

An einem Abend organisierte Ron einen Boulewettbewerb. Weil einige von uns sehr gut spielten, wurden die Partner per Los ausgewählt. Für mich zog er Mark als Partner, den Assistenten für Special Effects, der erst ein paar Tage zuvor am Set eingetroffen war. Ich hatte noch nie im Leben Boule gespielt, war also nicht sonderlich gut, dafür aber um so begeisterter bei der Sache. Es wurde recht spät und einige wollten aufhören, weil sie am nächsten Morgen schon früh am Set sein mußten. Aber ich wollte unbedingt weitermachen und die nächste Runde erreichen. Deshalb stachelte ich Mark die ganze Zeit an, er solle ein bißchen mehr Enthusiasmus zeigen. Am nächsten Morgen sah ich ihn beim Frühstück wieder. Ich war bereits Mrs. Bennet, in Kostüm und Perücke. Völlig ahnungslos, daß er mich und die Figur, die ich jeden Tag spielte, nicht miteinander in Verbindung gebracht hatte, sagte ich gut gelaunt zu ihm: ›War das nicht ein tolles Boulespiel gestern abend?‹ Seine Antwort stieß mich einigermaßen vor den Kopf: ›Ach, ich hatte diese schreckliche Partnerin, sie heißt Alison. Ich habe die ganze Zeit versucht, zu verlieren, um endlich ins Bett zu kommen, aber sie wollte unbedingt weiterspielen, und jetzt bin ich schrecklich müde. In Zukunft werde ich einen großen Bogen um sie machen.‹«

Colin Firth und Julia Sawalha feiern ihren Geburtstag am Set.

Links: Colin, Crispin und Jennifer beim Sommerbarbecue.

Rechts: Mel, Wayne und ihre Tochter Olivia.

DER GLANZ DER FILMWELT

»Die Haarnetze waren für die Männer schlimm. Sie konnten aus einem romantischen Schönling des 19. Jh.s mit einem Schlag einen Gecken machen.« (Paul Moriarty)

Kapitel 9
Ein Gespräch mit Colin Firth

Ich erhielt die Drehbücher für alle sechs Folgen zu einem Zeitpunkt, an dem ich gewisse Schwierigkeiten damit hatte, Filmskripts überhaupt zu lesen. Alles, was mir in die Hände fiel, hielt ich schlichtweg für unlesbar. Und das letzte, was ich brauchen konnte, so dachte ich jedenfalls damals, war ein Kostümfilm. Obendrein war ich gegen den Stoff voreingenommen. Ich hatte dabei die Verfilmung von *Stolz und Vorurteil* aus den siebziger Jahren im Blick, die ich absolut langweilig und steif fand – steife Schauspieler in einer steifen Bearbeitung.

Hatten Sie zuvor schon einmal etwas von Jane Austen gelesen?
Nein, nicht eine einzige Seite. Die Literatur des 19. Jahrhunderts hat mich nie sonderlich gefesselt, und ich war der Ansicht, diese Bücher seien ausschließlich etwas für Mädchen. Mich dagegen hatte schon immer der von Zerrissenheit geprägte europäische Roman begeistert. Vermutlich war das eine Rebellion gegen die Lektüre, die mir in der Schule vorgesetzt worden ist. »Du meine Güte, das alte Schlachtschiff!« war daher mein erster Gedanke, als mir die Rolle in *Stolz und Vorurteil* angeboten wurde. Jedenfalls öffnete ich den dicken Umschlag mit äußerster Skepsis. Außerdem schreckte mich die Vorstellung ab, für so lange Zeit auf ein Projekt festgelegt zu sein. Ich nehme an, daß das eine Erfahrung ist, die jeder Schauspieler kennt. Es gab also eine Reihe von Gründen, warum ich wenig Lust verspürte, die Drehbücher auch nur anzusehen. Doch bereits auf der fünften Seite hatte ich den Köder geschluckt. Die Story war außerordentlich gut, und nachdem ich zu lesen angefangen hatte, konnte ich das Skript kaum wieder beiseite legen. Noch nie hatte mich ein Drehbuch einzig wegen seiner romantischen Handlung derart gefesselt. Ich mußte einfach weiterlesen, um zu erfahren, wie die Geschichte ausgeht. In die Charaktere habe ich mich auf der Stelle verliebt, und Jane Austen erwies sich in meinen Augen plötzlich als erstaunlich raffiniert. Sie ist in der Lage, ihre Leser gewissermaßen positiv zu frustrieren, indem sie ihnen eine Reihe von Möglichkeiten vorführt, nur um sie dann in die Irre zu führen. Außerdem wurde mir zum ersten Mal klar, wie witzig, geistreich und wenig betulich *Stolz und Vorurteil* ist.

Gegenüberliegende Seite: »Er ist so erhaben und so eingebildet, daß es einfach nicht zum Aushalten ist!« (Mrs. Bennet über Darcy)

Darcy beobachtet Elizabeth: »Darcy war noch nie von einer Frau so behext gewesen wie von ihr« (Jane Austen).

Als ich zu meinem ersten Treffen mit Sue Birtwistle ging, hatte ich den Schluß des sechsten Drehbuchs noch nicht gelesen. Da ich nichts über Jane Austen wußte, war mir auch nicht klar, daß sie der Geschichte von Darcy und Elizabeth ein versöhnliches Ende gegeben hat. In gewisser Weise verdarb Sue mir die Spannung, weil sie im Gespräch erwähnte, daß die beiden Hauptfiguren am Ende heiraten. Dieses Ende hat mich überrascht, weil ich mir genauso gut hätte vorstellen können, daß zwischen den beiden doch noch alles schiefgeht. Die Situation ist keineswegs eindeutig. Ich bin der festen Überzeugung, daß man sich selbst beim dritten oder vierten Lesen bis zum Schluß noch fragt, ob es mit den beiden gut gehen kann.

Warum haben Sie dann gezögert, die Rolle anzunehmen?

Ich wußte, daß ich eigentlich meiner inneren Stimme hätte gehorchen sollen: »Es gefällt dir, es ist das einzige Drehbuch, das du in letzter Zeit hast lesen können.« Diese Intuition mußte ich ernst nehmen. Doch auf der anderen Seite hatte ich das Gefühl, daß ich nicht der richtige Typ für die Rolle des Darcy bin. Ich traute mir nicht zu, ihn so zu spielen, wie ich ihn mir vorstellte. Er erschien mir irgendwie eine Nummer zu groß.

Aber ich hatte auch noch aus anderen Gründen Zweifel, ob ich dem Part gerecht werden konnte. Darcy ist eine faszinierende Figur, und wenn man das Buch liest, läßt man sich von ihm fesseln. Doch was mir an der Gestaltung der Figur fehlte, war die innere Perspektive. Jane Austen schreibt generell aus einem weiblichen Blickwinkel, und in diesem Roman vertritt sie vor allem Elizabeths Standpunkt. Über weite Teile des Buchs erscheint Darcy als ein undurchschaubares Rätsel, erst gegen Ende erfahren wir, wie er die Dinge sieht. Für mich hatte er absolut nichts Persönliches an sich. Ich wußte nicht, wie ich als Schauspieler diese Figur konkret werden lassen sollte. Es ist unmöglich, ein Image darzustellen, das nur äußerlich existiert. Und so gelangte ich zu dem Schluß, daß ich die Rolle nicht spielen konnte.

Das Paradoxe an der Rolle ist, daß man kaum agieren kann. Darcy tut eigentlich so gut wie nichts, und das kam mir wie eine Falle vor. Meine Argumentation lautete: »Um mich so zu verändern, daß ich Darcy verkörpern kann, muß ich sehr viel tun. Doch durch bloße Anstrengung läßt sich da nicht viel erreichen. Man muß bereits Darcy sein, um die Rolle überzeugend spielen zu können.« Ich sah in den Spiegel und entdeckte keinerlei Ähnlichkeiten mit ihm. Deshalb hielt ich es für angebracht, das Angebot abzulehnen.

Wie kam es, daß Sie Ihre Meinung schließlich doch noch änderten?

Sue war derart fest davon überzeugt, daß ich die ideale Besetzung für die Rolle war, daß ich mich genötigt fühlte, meinen Entschluß zu überdenken. Ich las das Drehbuch noch einmal, und es zog mich in seinen Bann, es verführte und fesselte mich, ohne daß ich mir dessen bewußt war. Wenn man sich erst einmal auf die Geschichte eingelassen hat, geht sie einem derart unter die Haut, daß eine rationale Entscheidung nicht mehr möglich ist, ob man die Rolle will oder nicht. Ich spielte die verschiedenen Möglichkeiten durch. Wie würde ich mich fühlen, wenn ich den Darcy spielte, und wie, wenn ich ablehnte? Und mir wurde klar, daß ich es schließlich als Verlust empfinden würde, wenn ich bei meinem Nein blieb. Ich hatte bereits begonnen, mir die Figur des Darcy anzueignen, und der Gedanke, daß ein anderer die Rolle übernehmen sollte, machte mich regelrecht eifersüchtig.

Wie haben Sie das gemeinsame Lesen der Drehbücher erlebt? Crispin Bonham-Carter erzählt, er sei so nervös gewesen, daß er zur Toilette gehen mußte, wo Sie bereits saßen und vor Aufregung laut stöhnten.
Ich hab' doch geahnt, daß mich jemand gehört hat! Vor der Leseprobe war ich ein einziges Nervenbündel. Und zwar nicht nur, weil ich in Gegenwart so vieler Leute den Sprung ins kalte Wasser wagen und meine Rolle zum ersten Mal laut lesen mußte, sondern auch, weil derart viel auf dem Spiel stand. So ein erstes Treffen kann entscheidend sein. Vor uns lagen fünf Monate, in denen wir eng zusammenarbeiten sollten, und jeder macht sich Gedanken darüber, wie die anderen ihn beurteilen. Wir fühlten uns alle wie bei einem wichtigen Vorsprechen. Außerdem wurde mir während des Lesens klar, daß es kein besonderes Vergnügen sein dürfte, den Darcy in einer Hörspielfassung fürs Radio zu sprechen. Die körperliche Präsenz ist für diese Rolle entscheidend. Darcy ist im Grunde genommen ein stiller, fast wortkarger Mensch, und sein Schweigen ist oft bedeutungsvoller als das, was er sagt. Im Film ist er beispielsweise durch die Nahaufnahme seines Gesichts natürlich auch dann präsent, wenn er schweigt. Doch im Radio oder eben beim Lesen der Drehbücher kommt es nur auf die Stimme, auf die akustische Präsenz an. Man kann nicht sagen: »Wartet mal eben einen Augenblick, ich sage an dieser Stelle zwar nichts, aber dafür stehe ich da und schweige bedeutungsvoll.« Ich war umgeben von Leuten, die zum größten Teil herrlich komische Rollen hatten, mit denen sie alle zum Lachen bringen konnten. Und ich saß da und dachte nur: »Ich bin schrecklich langweilig.«

Andrew Davies sagt, er habe deutlich machen wollen, daß mehr in Darcy steckt, als man auf den ersten Blick glauben mag. Wie haben Sie versucht, dem Zuschauer dies zu vermitteln?
In dieser Rolle kann man nicht einfach in einen Raum treten und sich nach allen Regeln der Schauspielkunst produzieren. Großartige, spektakuläre Auftritte entsprechen einfach nicht Darcys Charakter. Doch auf der Bühne oder vor der Kamera zu stehen und *nichts* zu tun, gehört zu den schwierigsten Aufgaben, vor die man einen Schauspieler stellen kann. Deshalb habe ich mir vor den Aufnahmen für jede Szene überlegt, wie sie sich lebendig und dynamisch spielen ließe, um dann vor der Kamera genau das nicht zu tun. In den Szenen im Festsaal von Meryton zum Beispiel muß ich als Darcy verletzt und wütend,

Elizabeth: »Ihr Fehler ist die Neigung, jeden zu hassen.« Darcy: »Und Sie wollen jeden mißverstehen.«

»Bingley gefiel, wo er auch hinkam, Darcy erregte überall Anstoß« (Jane Austen).

eingeschüchtert und verärgert, irritiert und amüsiert, erschreckt und abgestoßen sein, darf diese Gefühle aber nur so weit andeuten, daß der Eindruck nicht zerstört wird, daß Darcy undurchschaubar ist und niemand weiß, was er wirklich denkt. Ich habe schon Rollen gespielt, die wesentlich größeren körperlichen Einsatz erforderten, aber ich glaube, bei keiner habe ich mich am Ende eines Drehtages so erschöpft gefühlt wie bei dieser Produktion.

Vor allem die Szene, in der Darcy und Elizabeth sich in Netherfield streiten, habe ich als wahnsinnig anstrengend in Erinnerung. Darcy wird von widersprüchlichen Gefühlen gepeinigt, die er vor Elizabeth verbergen will. Er haßt sie, weil er sich in sie verliebt hat, und er haßt sie, weil sie ihm in diesem Streitgespräch überlegen ist und seine Niederlage auch noch vor einem Publikum, den Bingleys, stattfindet. Er ist also innerlich aufgewühlt, doch nach außen muß er sich beherrscht und vollkommen gefaßt zeigen. Von dem Chaos seiner Gefühle darf er nichts preisgeben. Also sitzt er so ruhig und bewegungslos da wie nur möglich. Um in dieser Szene überzeugend zu sein, mußte ich zunächst Darcys widerstreitende Empfindungen nachvollziehen und dann dagegen anspielen.

Worin bestand für Sie die größte Schwierigkeit bei diesem Projekt?
Am wenigsten gefiel mir die Tatsache, daß Darcy über große Strecken nicht auftritt und ich mich folglich während der Dreharbeiten mit längeren Arbeitspausen abfinden mußte. In den ersten vier Wochen war es uns gelungen, den Stoff zum Leben zu erwecken, es lief phantastisch und man hatte das Gefühl, als ob noch alles vor einem läge. In dieser Situation wurde ich für fünf Wochen vom Set verbannt. Es war schrecklich. Zwischendurch wurde ich immer wieder mal für ein oder zwei Tage gebraucht. Wenn ich dann an den Drehort fuhr, begegnete ich all diesen Menschen, die ich kaum kannte. Sie schienen einen vollkommen anderen Film zu drehen, in dem es vor allem um eine Familie mit vielen Töchtern ging. Ich kam mir wie ein Außenseiter vor, und das entsprach natürlich genau der Rolle, die Darcy selbst über weite Teile der Geschichte zugewiesen wird. Deshalb sagte ich den Produzenten, daß ich bei den Dreharbeiten dabei sein wollte, selbst wenn ich nicht benötigt wurde, um den Kontakt zu meiner Rolle nicht zu verlieren.

Steigt man dann nach einer längeren Pause wieder in die Dreharbeiten ein, begleitet einen immer die Furcht, daß der einmal gefundene Zauber nicht wieder zum Leben erweckt werden kann. Die Fähigkeit, eine Figur überzeugend zu verkörpern, ist wenig greifbar und nicht auf Knopfdruck abrufbar. Ich arbeitete also ein oder zwei Wochen und konnte dann wieder gehen. Dieses Hin und Her hat mich sehr gestört, ich hatte einfach nie das Gefühl, wirklich dazu zu gehören. Bis zum Ende der Dreharbeiten hatte ich erhebliche Probleme, die Dynamik meines Spiels aufrechtzuerhalten. An dem Projekt waren extrem viele Schauspieler beteiligt, und es gab eine Menge Leute, zu denen ich nie eine Verbindung fand. Aus dem einfachen Grund, weil ich keine Gelegenheit hatte, mit ihnen zusammenzuarbeiten, und die Figur, die ich spielte, nicht mit den von ihnen verkörperten Charakteren in Berührung kam. Man kann durch einen gut organisierten Drehplan ganz schön ausgesperrt werden.

Haben Andrews Drehbücher Ihnen geholfen, die Figur des Darcy zu verstehen?

Ja, sie stellen eine wundervolle Brücke zu Jane Austen dar, denn Andrew Davies empfindet nicht diese in ihrer Übertreibung absurde akademische Ehrfurcht, die manche Leute vor großer Literatur haben. Ihm ging es vor allem um die ungemein unterhaltsame und amüsante Geschichte. Hätte ich zuerst den Roman gelesen, wäre ich möglicherweise an dem Projekt gar nicht interessiert gewesen. Ich glaube, Andrews Hang zum Bodenständigen und die Tatsache, daß er manche Dinge wesentlich konkreter formuliert als Jane Austen, waren sehr hilfreich. So macht er zum Beispiel nachvollziehbar, woran Darcy denkt, wenn er mit undurchdringlicher Miene die Menschen um sich herum beobachtet. Dadurch löst er ihn aus seiner statuengleichen Unbeweglichkeit.

Die Frage nach der inneren Kohärenz ist bei der Arbeit an einer derartigen Rolle der eigentlich interessante Punkt. Man spürt sehr schnell, wenn eine Figur in bestimmten Momenten nicht authentisch ist und man nach Rechtfertigungen für ihr Verhalten suchen muß. Für die Figur des Darcy hatte ich das nie – oder nur sehr selten – zu tun, und mir wurde klar, daß Jane Austen über eine instinktive Kenntnis von Darcys Innenleben verfügt haben muß, auch wenn sie es vielleicht nicht wagte, darüber zu schreiben. Ihre Außenperspektive von Darcy ist derart logisch, daß sich einem sein Fühlen und Denken fast wie von selbst erschließt.

Darcy: »Ich habe darüber nachgedacht, was ein paar schöne Augen in dem Gesicht einer hübschen Frau vermögen.«

Können Sie uns ein Beispiel dafür nennen?

Ich erinnere mich, daß mir unmittelbar einleuchtete, warum Darcy bei dem Fest in Meryton Elizabeth mit Nichtachtung straft. Ich willige ein, mit meinem Freund Bingley auf eine Party zu gehen. Er drängt mich, ihn zu begleiten: »Komm schon, das wird ein großartiges Fest mit vielen schönen Frauen.« Ich betrete den Saal. Ich bin schrecklich schüchtern, fühle mich bei jedem gesellschaftlichen Anlaß unbehaglich. Normalerweise pflege ich derartige Gesellschaften nicht zu besuchen, und ich weiß nicht, wie ich mich mit den Leuten unterhalten soll, denen ich dort begegne. Also verberge ich mich hinter der Maske des unnahbaren Snobs. Bingley schnappt sich sofort die attraktivste Frau im ganzen Saal, wodurch ich mich noch unsicherer fühle. Strahlend vor Enthusiasmus kommt er zu mir und fordert mich auf, ich solle tanzen. Ich sage: »*Du* tanzt mit dem einzigen hübschen Mädchen im ganzen Saal.« – »Mach dir nichts draus, wie wär's mit ihrer nicht ganz so hübschen, aber netten Schwester?« erwidert er. Diese Bemerkung macht die Situation, in die ich mich begeben habe, noch unerträglicher. Also sage ich: »Sie ist nicht übel, aber für mich nicht gut genug« und meine damit in Wahrheit: »Hör zu, ich bekleide eine höhere gesellschaftliche Position als du, also versuch mich nicht mit der häß-

Darcy besucht Elizabeth in Hunsford: »Er schien erstaunt, sie allein anzutreffen ... und nach den üblichen Fragen über Rosings bestand die Gefahr, daß man in völliges Schweigen versank.«

licheren der Schwestern abzuspeisen. Ich würde sie nicht einmal in Erwägung ziehen«. Dies war der Hintergrund, den ich mir während der Aufnahmen vor Augen hielt, und ich stellte fest, daß die Szene sich praktisch wie von selbst spielte.

Am Ende des Films sagt Darcy zu Elizabeth, er wisse nicht, wann er sich in sie verliebt habe. Sie als Schauspieler können sich mit einer solch vagen Erklärung sicherlich nicht zufrieden geben, Sie müssen die Entwicklung nachvollziehen können.

Das ist richtig. Es ist außerordentlich interessant, nach den auslösenden Momenten zu suchen, die schließlich dazu führen, daß Darcy sich in Elizabeth verliebt. Eine Liebe beginnt ja oft mit ganz trivialen Dingen, die das Interesse eines Menschen erregen. Darcy ist ein Mensch, der nicht leicht zu beeindrucken ist. Daher glaube ich, daß er das erste Mal auf Elizabeth aufmerksam wird, als sie ihn auf derart impertinente Art zurückweist. Sie hat zugehört, als er über sie sagt: »Sie ist erträglich, aber nicht hübsch genug, um *mich* zu reizen.« Deshalb wirft sie ihm im Vorbeigehen einen außerordentlich aufsässigen Blick zu. Andrew bot hier eine gute Hilfestellung mit der Bemerkung: »Normalerweise ist Darcy derjenige, der anderen Leuten diesen Blick zuwirft. Er ist es nicht gewohnt, selbst so angesehen zu werden.« Ich glaube, daß Darcy sie in diesem Augenblick aus purer Verwirrung und Neugier wahrnimmt. Es ist wahrscheinlich das erste Mal, daß er sich überhaupt für eine Frau interessiert, und er will mehr über sie erfahren. Aus so einem winzigen Augenblick können sich fatale Folgen ergeben, ob man sich dessen nun bewußt ist oder nicht.

Öffentlich beginnt Darcy Interesse an Elizabeth zu zeigen, als er sie bei der Gesellschaft der Familie Lucas zum Tanzen auffordert. Sie weist ihn jedoch zurück. Was ging Ihrer Meinung nach in diesem Moment in ihm vor?

Ich bin überzeugt, daß Darcy bis zu diesem Zeitpunkt noch nie eine Frau angesehen hat – ich meine, wirklich und mit Interesse angesehen –, auch wenn er Frauen auf eine eher beiläufige Art bewundert. In Wahrheit ist er zutiefst gelangweilt. Er zählt zu den reichsten Männern Englands. Diese Tatsache war bisher immer genug, um ihn für Frauen attraktiv zu machen. Ich weiß noch, daß ich während der Vorbereitung auf die Rolle auf ein sehr aufschlußreiches Sprichwort stieß: »Ein Mann mit Geld muß nicht unterhalten, sondern wird unterhalten.« Ich halte das für einen guten Schlüssel zum Verständnis der Figur. Nicht nur aus Schüchternheit, sondern auch, weil er es nicht nötig hat, freundlich zu sein, gibt er sich derart reserviert. Dann tritt Elizabeth plötzlich auf und provoziert ihn zu einer Reaktion. Es ist wahrscheinlich das erste Mal in seinem Leben, daß er die Chance hat, nicht Verfolgter sondern selbst Verfol-

»Plötzlich sprach sie Mr. Darcy an, und überrascht durch seine Aufforderung zum nächsten Tanz, sagte sie zu, ohne zu wissen, was sie eigentlich tat.«

ger zu sein: Er kann nicht widerstehen. Und in diesem Moment sieht er ihr in die Augen. War es anfangs nur Neugier, die ihn antrieb, so ist es nun Erotik.

Und auf dem Ball in Netherfield willigt sie dann endlich ein, mit ihm zu tanzen ...
Exakt. Ich finde die Szenenfolge, in der sie miteinander tanzen, vor allem deshalb so schön, weil sie den Stand ihrer Beziehung zu diesem Zeitpunkt genau widerspiegelt. In Elizabeth sehen wir Aufrichtigkeit und Verspieltheit, während Darcy etwas unfreiwillig Komisches anhaftet, als er versucht, genauso schlagfertig wie sie zu sein und zugleich die Contenance zu wahren. Sie provoziert ihn mit ihren spitzen kleinen Bemerkungen, und er muß, um im Takt des Tanzes zu bleiben, erst einmal acht Schritte alleine machen, bevor er antworten kann.

Elizabeth: »Wir müssen uns etwas unterhalten. Es sähe merkwürdig aus, die ganze Zeit zu schweigen.«

Ohne daß es ihm bewußt ist, hat er sich bereits Hals über Kopf verliebt. Am Anfang war alles nur ein Spiel, ein interessanter Wettkampf. Doch nun fühlt er sich plötzlich verwundbar und bereut bitter, sich in diese Situation manövriert zu haben. Mehrfach beschließt er, sich zusammenzureißen und wieder zur Vernunft zu kommen, und dies sind die Augenblicke, in denen sein Verhalten extrem wirr und paradox erscheint. Er verfolgt Elizabeth, nur um sie im gleichen Moment zurückzustoßen; er ist fest entschlossen, nicht mit ihr zu tanzen und tut es dann doch; er lauert ihr bei Spaziergängen auf, um sie wie zufällig zu treffen, redet dann aber kein Wort mit ihr; er taucht ungebeten in der Pfarrei von Hunsford auf und behandelt sie dann so, als ob sie der Gast sei und etwas von ihm wolle.

Die Szene, in der Darcy seinen ersten Heiratsantrag macht, wurde bereits in der zweiten Woche der Dreharbeiten aufgenommen. Wie gingen Sie damit um?
Zuerst hielt ich das für reinen Wahnsinn. Jeder weiß, wie wichtig diese Szene ist. Aus Zeitgründen mußten wir etliche der späteren Szenen, in denen Darcy viel sympathischer erscheint, zuerst drehen und dann diese, die einen Wendepunkt darstellt. Weil der Zeitpunkt für diese wirklich schwierige Szene so ungünstig lag, schenkten wir ihr besonders viel Aufmerksamkeit und gaben uns die größte Mühe. Möglicherweise ist es uns dadurch gelungen, dieser Szene eine Intensität zu verleihen, die wir nicht hätten aufbringen können, wenn wir sie zu einem späteren Zeitpunkt aufgenommen hätten, als die Dreharbeiten für alle schon zur Routine geworden waren.

Elizabeth lehnt Darcys Heiratsantrag ab: »Mr. Darcy, der am Kamin lehnte und sie fest anblickte, vernahm ihre Worte mit ebensoviel Abneigung wie Überraschung ... Er kämpfte um ruhige Haltung« (Jane Austen).

Wie haben Sie sich auf diese Szene vorbereitet?
Ich habe mir ein paar sehr einfache und grundlegende Fragen ausgedacht, um mir darüber klar zu werden, wie ich die Szene spielen wollte. Die erste lautete: »Was versucht Darcy zu bekommen?« Und dann: »Wie wird er die Hindernisse überwinden, die sich ihm in den Weg stellen könnten?« Wenn es solche Hindernisse gab, mußte die nächste Frage lauten: »Welche Motive könnte Elizabeth haben, um vollkommen anders auf die Situation zu reagieren, als Darcy erwartet hat, und inwieweit begünstigt Darcy ihre Reaktion durch sein eigenes Verhalten?« Solche simplen Fragen sind es, die einem dabei helfen, den Ansatzpunkt für eine Szene zu finden.

»Er muß ihr innerhalb von drei Minuten zeigen, daß er nicht nur bereit ist, sich zu entschuldigen, sondern auch zärtlich, liebenswert und bescheiden sein kann« (Colin Firth über Darcys Treffen mit Elizabeth in Pemberley).

Die Gesellschaft von Meryton kommt zu dem Schluß, daß Darcy »der stolzeste und unangenehmste Mann der Welt« war, »und alle hofften, daß er nicht noch einmal komme.«

Nehmen wir zum Beispiel den Augenblick, in dem Darcy das Zimmer betritt und schockierende Dinge sagt, die man auf die Kurzformel bringen könnte: »Ich weiß, ich bin zu gut für dich, aber willst du mich nicht trotzdem heiraten?« Ich hatte das Gefühl, daß es nicht funktionieren würde, wenn ich diese Szene so spielte, als ob ich darum wüßte, daß mein Benehmen schockierend und arrogant ist. Diese Sätze mußten vollkommen vernünftig klingen, als verstünden sie sich von selbst. Doch wie sollte ich diese mehr als eigenartige Ansprache Darcys über die in seinen Augen vollkommen katastrophale Familie Elizabeths vernünftig klingen lassen? Dann sagte ich mir: »Okay, versetzen wir uns also für einen Augenblick in die Zeit, in das Jahr 1813.« Aus Jane Austens Blickwinkel schien diese ganze Geschichte der angemessenen und unangemessenen Eheschließungen ziemlich einleuchtend. Es konnte zur Katastrophe kommen, wenn man über Klassenschranken hinweg heiratete; eine solche Ehe brachte unter Umständen Elend und Unglück über die Familien; das soziale Gefüge geriet ins Wanken und so weiter.

Außerdem ist Darcy arrogant genug zu glauben, er mache Elizabeth mit seinem Antrag ein großes Geschenk. Jede Frau, die er kennt, würde ohne zu zögern »Ja« sagen. In seinen Augen müßte Elizabeth wahnsinnig sein, wenn sie ihn abwiese. Er glaubt zwar nicht, daß sie sich zu ihm hingezogen fühlt. Aber er macht ihr ein Angebot, das nicht einmal eine auf der sozialen Skala weitaus höher stehende Frau ausschlagen würde, wenn sie halbwegs bei Sinnen ist. Ich glaube, daß er – wie jeder andere zur damaligen Zeit auch – davon ausgeht, daß durch eine Heirat mit ihm das Märchen vom Aschenputtel wahr wird.

Und so überfällt er also Elizabeth mit diesem Heiratsantrag und sagt sinngemäß zu ihr: »Ich werde Ihnen einen Heiratsantrag machen, der übereilt, unverantwortlich und vielleicht sogar infantil erscheinen mag, doch glauben Sie mir, all dies sind Eigenschaften, die ich nicht besitze. Ich habe mir diesen Schritt sehr wohl überlegt. Ich weiß, daß meine Familie sehr verärgert sein wird und wir auf Unverständnis treffen werden. Unsere soziale Stellung könnte kaum verschiedener sein. Sie sehen, ich habe mich mit all diesen Fragen auseinandergesetzt – halten Sie mich nicht für einen abenteuerlustigen Schuljungen. Und doch, aufgrund reiflicher Überlegung bin ich zu dem Schluß gelangt, daß meine Liebe für Sie so überwältigend ist, daß mir alle diese Einwände bedeutungslos erscheinen.« Aus Darcys Perspektive ist das eigentlich ein sehr romantischer Heiratsantrag. Als wir die Szene drehten, war ich beinahe ein wenig verletzt, daß alle die Auffassung vertraten, Darcys Worte seien eine einzige Beleidigung – so sehr hatte ich mich in die Vorstellung hineingesteigert, daß er die aufrichtige Absicht hat, Elizabeth seine Liebe zu gestehen. Sicher, wenn man die Szene sieht, ist nichts mehr davon zu bemerken. Man sieht nur einen Mann, der sich selbst furchtbar wichtig nimmt und diese überheblichen Dinge von sich gibt, als seien sie selbstverständlich. Darüber hinaus besitzt er noch den Nerv, sich darüber zu wundern, daß Elizabeth seinen Antrag ablehnt. Das ist genau der Eindruck, der entstehen sollte. Doch vor allem die Verwunderung über Elizabeths Zurückweisung wäre unmöglich so zu spielen gewesen, wenn ich mir Darcys Sichtweise nicht zu eigen gemacht hätte.

Bewirkt Elizabeths Ablehnung also tatsächlich eine Veränderung in Darcy?

Aber sicher. Man darf nicht glauben, daß Darcy einfach so weitermacht wie bisher. Die Tatsache, daß er ihr einen Brief schreibt, in dem er sein Verhalten zu erklären versucht und einige sehr persönliche Dinge über sich preisgibt – womit er gegen jede Konvention verstößt –, macht das deutlich. Ich glaube, daß er sehr unter ihrer Ablehnung leidet, weil er sie wirklich liebt. Und ich glaube, daß er sich quält, weil nicht nur seine Lebensweise, sondern auch er selbst durch ihre Worte plötzlich einer berechtigten Kritik unterworfen ist.

Sein wahres Verbrechen ist meiner Meinung nach in seiner Dummheit zu sehen. Mir ist bewußt, daß es äußerst herablassend klingt, so etwas zu sagen. Aber ich bin überzeugt, daß sein eigentlicher Fehler darin besteht, daß er ignorant und oberflächlich, eben ein Snob ist. Das ist die bittere Lektion, die er zu lernen hat. In dieser Hinsicht verändert er sich schon ein wenig. Im Roman sagt er, daß sein Vater ihn dazu erzogen hat, Tugenden anzuerkennen. Gleichzeitig habe er ihn aber auch gelehrt, die Welt außerhalb seines eigenen sozialen Umfelds geringzuachten. Er fürchtet sich vor allem, was sich außerhalb seines eigenen Erfahrungshorizonts befindet, und ist überzeugt, daß er dort nur auf Barbaren treffen wird.

Er wird eines besseren belehrt, als er sich in eine dieser Barbarinnen verliebt und erkennen muß, daß sie ihm, was Geist und Witz, intellektuelle Beweglichkeit und Sinn für persönliche Würde angeht, zumindest ebenbürtig, wenn nicht sogar überlegen ist. Sie stellt für ihn eine Herausforderung dar, so daß er seine alten Vorurteile nicht aufrechterhalten kann.

Darcys zweiten Heiratsantrag nimmt Elizabeth an: »Das Glück, das diese Antwort in ihm hervorrief, war mehr, als er je empfunden hatte, und er drückte das so aufrichtig und warm aus, wie man es von einem bis über beide Ohren verliebten Mann erwarten kann« (Jane Austen).

Elizabeth: »Und wir sind beide davon überzeugt, daß wir das glücklichste Paar der Welt sein werden.«

Kapitel 10
POST-PRODUCTION

Mit dem letzten Drehtag ist die Arbeit für die meisten Mitglieder des Filmteams abgeschlossen. Es mag zwar noch ein paar Tage dauern, bis die Drehorte wieder in ihren ursprünglichen Zustand versetzt sowie geliehene Kostüme und Requisiten zurückgegeben sind. Den Papierkram zu erledigen, erfordert unter Umständen sogar noch Wochen intensiver Arbeit. Doch im wesentlichen kann das Team am letzten Drehtag seine Arbeit als beendet betrachten.

Zum Zentrum der sogenannten Post-Production, der Nachbereitungsphase, wird nun der Schneideraum, wo der Cutter Peter Coulson und sein Team aus den 1385 gefilmten Takes die sechs Folgen machen, die schließlich ausgestrahlt werden.

PETER COULSON ÜBER DEN SCHNITT

Wenn ich gefragt werde, worin meine Aufgabe bei der Herstellung eines Films eigentlich besteht, pflege ich zu antworten: »In gewisser Weise ähnelt meine Arbeit der eines Zeitungsredakteurs. Ich nehme das mir vorliegende Material und stelle es neu zusammen, gebe ihm Richtung, Tempo und einen eigenen Ausdruck.«

Um den spezifischen Stil des Films zu diskutieren, traf ich mich mit Simon. Wir besprachen die Gesamtstruktur des Films und definierten, wo wir die Hauptantriebskraft der Handlung sahen. Andrews Drehbücher sind unter anderem deshalb so phantastisch, weil darin deutlich wird, worum es in jeder Szene geht und welche Figuren jeweils im Zentrum stehen. Für den Cutter ist das außerordentlich wichtig, denn er muß schließlich entscheiden, wann er einen Schnitt auf einen bestimmten Schauspieler setzt. Es gibt unzählige verschiedene Möglichkeiten, um eine Aufnahmeserie zu schneiden. Die bekannteste und einfachste Methode besteht darin, daß immer die Person im Bild ist, die gerade spricht. Doch damit läßt man häufig die Reaktionen der anderen Charaktere oder eine eventuell ablaufende Nebenhandlung unberücksichtigt. Simon und ich waren uns darin einig, daß es uns nicht nur um eine bildliche Rekonstruktion der Handlung ging, da der eigentliche Motor der Geschichte die Beziehung zwischen Darcy und Elizabeth ist. Außerdem stimmten wir darin überein, daß der Film ein gewisses Tempo haben mußte, um ein Gegengewicht zu der nicht vermeidbaren Dialoglastigkeit herzustellen.

Peter Coulson im Schneideraum.

Peter und Julius sortieren und betrachten die Einlichtmuster.

SCHNEIDEN WÄHREND DER DREHARBEITEN

Sobald die Dreharbeiten begonnen haben, erhalten wir vom Filmteam das erste Bild- und Tonmaterial. Jeden Morgen sehen wir uns die Produktion vom Vortag an und machen uns an die Synchronisation. Das bedeutet, daß wir mit Hilfe der Klappe, die ja zugleich ein akustisches und optisches Signal ist, Bild und Ton aufeinander abstimmen. Von diesen sogenannten Mustern fertigen wir für Sue und Simon eine Videokopie an, während wir selbst mit dem Originalmaterial weiterarbeiten. Wir treffen bereits eine Vorauswahl, indem wir die in unseren Augen gelungenen Aufnahmen heraussuchen. Dabei werden auch die Notizen zur Continuity berücksichtigt, in denen Simons Kommentare festgehalten sind, wie: »Vergeßt die Halbtotale, sie hat nicht funktioniert«; oder: »Die Nahaufnahme von ihr ist wunderbar.«

Bestimmte Aspekte der Beleuchtung oder auch die Art und Weise, wie ein Schauspieler eine Szene spielt, haben unter Umständen zur Folge, daß das fertige Material von der Vorlage des Drehbuchs oder dem Konzept des Regisseurs abweicht.

Am Anfang der Szene zum Beispiel, in der Elizabeth Mr. Bennet bittet, er möge verhindern, daß Lydia nach Brighton geht, gibt es einen Kameraschwenk auf sie. Eine weitere Einstellung zeigt Mr. Bennet, wie er auf Elizabeth einredet, während sie auf und ab geht. Von dieser Einstellung existierten zwei Aufnahmen. Eine, bei der die Schauspielerin – motiviert durch ihre Interpretation der Szene – langsam durchs Bild geht und gleich wieder verschwindet. Bei der zweiten dagegen läuft sie sehr rasch. Wie Ben Whithrow in diesen Aufnahmen auf sie reagierte, war so phantastisch, daß wir beschlossen, die Szene mit diesen Einstellungen zu beginnen und erst dann in einer Weitwinkelaufnahme beide Schauspieler zu zeigen.

DER BALL IN NETHERFIELD

Bei den Aufnahmen von Elizabeth während des Tanzes hatte es ein gravierendes Malheur gegeben: Ein Haar hatte sich vor das Kameraobjektiv gelegt und war so deutlich im Bild sichtbar, daß die Aufnahmen zum größten Teil unbrauchbar waren. Also mußten wir uns weitgehend auf die Aufnahmen der Steadicam verlassen. Uns standen nur drei Einstellungen zur Verfügung: die Bilder, die mit der Handkamera zwischen den Tanzenden aufgenommen worden waren, und die mittels der beiden feststehenden Kameras gemachten Nahaufnahmen von Darcy und Elizabeth. Daraus eine Bildfolge zusammenzuschneiden, ist äußerst kompliziert, und wir brauchten fast eine ganze Woche dazu. Nicht die Menge des Bildmaterials ist dabei für die Dauer der Schneidearbeit entscheidend, sondern die Komplexität der Aufnahmen. So kann es vorkommen, daß uns selbst längere Sequenzen manchmal nur einen halben Tag kosten.

Sowohl bei den Ballszenen als auch bei dem Fest in Meryton wurde die Musik als Playback eingespielt. Dieses Verfahren bringt nicht nur bereits bei den Dreharbeiten ungeheure Komplikationen mit sich, sondern ist auch für uns im Schneideraum die Hölle. Doch das Endergebnis ist einfach überzeugend. Dialog, Bewegung und Musik verschmelzen zu einer die gesamte Szene vorantreibenden Kraft.

DIE VERSCHIEDENEN PHASEN DES SCHNEIDENS

Beim Schneiden eines Films unterscheidet man vier verschiedene Phasen. Die erste ist der »Vor- oder Assembleschnitt«, bei dem zunächst das gesamte aufgenommene Filmmaterial zusammengestellt wird. In der zweiten Phase, dem »Rohschnitt«, erhält man bereits einen ersten Eindruck von Länge und Struktur der einzelnen Folgen. Wenn man dieses Stadium erreicht hat, sind die Dreharbeiten abgeschlossen, so daß der Regisseur in die Arbeit einbezogen werden kann. Gemeinsam mit ihm gehen wir jetzt jede Episode im Detail durch und fertigen so den »director's cut«, die »Schnittfassung des Regisseurs« an, die dem Produzenten vorgeführt wird. Daß wir die sechs Folgen von *Stolz und Vorurteil* nicht in einem Stück, sondern alternierend bearbeiteten, verschaffte uns Zeit und damit die Möglichkeit, sehr sorgfältig und überlegt zu arbeiten. So konnten sich Simon und Sue in Ruhe mit einer Folge beschäftigen, ohne uns bei der Arbeit an einer anderen Episode im Schneideraum zu behindern. Das Ergebnis dieser Arbeitsphase ist schließlich der »Endschnitt«, der dem Executive Producer und dem Autor vorgeführt wird.

Selbst in diesem Stadium ist es noch möglich, Änderungen am Schnitt vorzunehmen. Wenn dies aber nicht mehr notwendig ist, wird der Film an die Tonabteilung und den Komponisten sowie schließlich an das Kopierwerk weitergeleitet.

Der Vorgang des Schneidens.

DER TECHNISCHE VORGANG DES SCHNEIDENS

Früher wurden die Filme mit ganz normalen Scheren auseinandergeschnitten, um danach in einem sehr mühseligen und recht aufwendigen Verfahren mit einem Spezialklebstoff wieder zusammengefügt zu werden. Heute benutzen wir ein Schneidegerät, mit dem nicht nur das Bildmaterial geschnitten, sondern auch die Tonspur hinzugefügt werden kann. Die Bildsequenzen, die wir verwenden wollen, werden mit einem weißen Wachsstift auf dem Film markiert, dann mit Hilfe des Schneidegeräts herausgeschnitten und mit Klebstoff in der gewünschten Reihenfolge wieder zusammengefügt. Das sind unsere Arbeitswerkzeuge. Darüber hinaus verfügen wir noch über einen Schneidetisch, den sogenannten »Steenbeck«, auf dem das Filmmaterial betrachtet werden kann, und über einen Synchronabziehtisch, der für kompliziertere Schneidearbeiten benutzt wird.

Die Filmkamera hält die Bilder als Negativ fest. Der Cutter schneidet die Positivabzüge dieses Negativmaterials, um die Schnittkopie dann an die sogenannten Negativcutter weiterzugeben, die auf einem Synchronabziehtisch die Originalnegative nach unseren Vorgaben schneiden. Das so geschnittene Material geht anschließend zur »Entzerrung« ins Kopierwerk. Dabei wird es auf Farbe und Helligkeit analysiert, um eventuelle Abweichungen auszugleichen, die

Das Bild- und Tonmaterial wird katalogisiert und archiviert.

durch unterschiedliche Lichtbedingungen bei den Dreharbeiten entstehen können. Dann wird das Negativmaterial kopiert und von der sogenannten »FAT«, dem Filmabtaster, auf ein elektronisches Medium projiziert. Diese elektronische Kopie ist es, die schließlich vom Fernsehsender ausgestrahlt wird.

Problematisch war dieses Filmprojekt einzig aufgrund seiner enormen Größenordnung. Es gab Berge von Filmrollen voller Muster – insgesamt fast 1500 verschiedene Einstellungen, deren Länge von ein paar Sekunden bis zu mehreren Minuten reichte.«

TEAMWORK

Bei der immensen Arbeit, die das Schneiden eines derart großen Projekts mit sich bringt, spielen die Cutterassistenten eine entscheidende Rolle für den reibungslosen Ablauf im Schneideraum. »Ich bin zuständig für die Kommunikation zwischen Kopierwerk und dem Studio für Tonüberspielung«, beschreibt der erste Cutterassistent Julius Gladwell seine Arbeit. »Außerdem synchronisiere ich Ton und Bild der täglich eingehenden Muster, markiere die Stellen, an denen Überblendungen vorgesehen sind, mache die Videokopien, kümmere mich um optische Effekte und lasse von beschädigtem Filmmaterial neue Kopien anfertigen.

Um unsere Arbeit zu beschleunigen, habe ich einige Szenen in verschiedenen Bild- und Tonvarianten vorgeschnitten, die ich dem Cutter, dem Regisseur und der Produzentin als Diskussionsgrundlage vorlege. Während dieser Besprechungen notiere ich mir ihre Vorschläge, um anschließend die gewünschten Änderungen vorzunehmen. Manche Aufnahmen mußten ein wenig nachgebessert werden. So hatte zum Beispiel der Grundstückseigentümer an einem unserer Drehorte ein Stück Rasen mit einem Elektromäher gemäht, der daraufhin Bahnen aufwies, die es so im 19. Jahrhundert nicht gegeben hat. Dieser Teil des Gartens mußte durch eine Hecke verborgen werden, die ich in das Bild montierte.«

Für alle weiteren Arbeiten ist die zweite Cutterassistentin Clare Brown zuständig. »Mir fallen die Aufgaben zu, die der erste Cutterassistent nicht erledigen mag und der Chefcutter nicht einmal im Traum erledigen würde. Täglich überfluten einige tausend Meter Film- und Tonmaterial den Schneideraum, die ich numerieren, katalogisieren und in einem Lagerraum unterbringen muß. Wenn der Cutter Monate später zum Beispiel eine ganz bestimmte Nahaufnahme von Georgiana in Ramsgate verlangt, kann ich so das gewünschte Bild innerhalb kurzer Zeit unter 1500 anderen Aufnahmen heraussuchen.

Wenn wir dem Produktionsteam eine Episode des Films im Vorführraum zeigen, überprüfe ich vorher noch einmal alle Klebestellen, um sicherzugehen, daß der Film nicht in der Mitte der Vorführung reißt, und überdecke die ganz groben Kratzer mit einem Filzstift. Dies sind die Momente, in denen meinem Job etwas leicht Bizarres anhaftet. Wer verbringt schon seine Zeit damit, den ganzen Tag über mit einem Stift in Colin Firths Gesicht herumzufuhrwerken?«

DIALOGE

Wenn der Film fertig geschnitten ist, wird er an die Tonabteilung weitergereicht. Aufgabe des Dialogcutters Mike Feinberg ist es, die bei den Dreharbei-

Dialogpassage für die Nachsynchronisation von Andrew Davies.

ten aufgezeichneten Dialoge zu »glätten«. »Wir sorgen dafür, daß der Zuschauer nicht durch gravierende Abweichungen in Lautstärke und Tonqualität abgelenkt wird. Ein Film muß die Illusion von glatten, fortlaufenden und durch keine störenden Geräusche unterbrochenen Dialogen transportieren. Es kommt vor, daß die Dreharbeiten durch Lärm von außen derart gestört werden, daß die Dialogaufzeichnung unbrauchbar ist. Normalerweise dreht man in so einem Fall die entsprechende Szene gleich noch einmal. Doch es kommt auch vor, daß dafür entweder die Zeit fehlt oder der Regisseur von der schauspielerischen Darbietung derart überzeugt ist, daß er die minderwertige Tonqualität in Kauf nimmt. Wenn es uns gelingt, die Tonspur von allen Nebengeräuschen zu ›reinigen‹, läßt sich die ursprüngliche Aufzeichnung verwenden. Sollte dies jedoch nicht möglich sein, müssen die entsprechenden Dialogpassagen im Studio nachsynchronisiert werden. Dabei verfolgen die Schauspieler die Szenen auf einem großen Bildschirm und sprechen den Text synchron zur Bewegung ihrer Lippen. Während dieser Sitzungen spielen wir gleichzeitig auch die Archivgeräusche ein, die eventuell mit aufgezeichnet werden sollen.«

Jennifer Ehle beim Nachsynchronisieren.

ARCHIVGERÄUSCHE

John Downer ist unser Toncutter. »Meine Aufgabe ist es, die Dialoge mit einem bestimmten Ambiente, einer Atmosphäre zu unterlegen, um einen volleren, satteren Ton zu erhalten. Wenn zum Beispiel Jane im Regen nach Netherfield fährt, läßt sich die in der Szene angedeutete Stimmung mit dem Geräusch von Donner noch untermalen. All diese Effekte, zu denen auch das Klappern von Teetassen oder das Knistern eines Holzfeuers gehören, werden auf einer eigenen Tonspur aufgezeichnet. Wenn also der Film ins Ausland verkauft wird, können dort die Dialoge in der fremden Sprache synchronisiert werden, ohne daß die Archivgeräusche verloren gehen.«

SYNCHRONISIERUNG

Der letzte Arbeitsschritt, den die Tonabteilung vornimmt, besteht in der Synchronisierung der Tonspuren, die für *Stolz und Vorurteil* von Rupert Scrivener vorgenommen wurde. Von Mike und John erhielt er vierundzwanzig verschiedene Tonspuren mit Dialogen und Archivgeräuschen, die zusammen mit der aufgezeichneten Musik auf die endgültige, in der Fernsehfassung zu hörende Tonspur übertragen wurden. »Die Übertragung erfolgt inzwischen digital, mittels eines Computers. Dieses Verfahren gewährleistet eine hundertprozentige Erhaltung der Tonqualität, und man hört auch nicht mehr so wie früher die ›Klebestellen‹. Außerdem klingt die Musik besser. Um einen guten Stereoeffekt zu erzielen, balanciere ich zunächst die Dialog- und Archivgeräuschspuren aus, um danach die Musik hinzuzufügen. Die endgültige Tonspur sollte nicht den geringsten Bruch aufweisen.«

Der FAT-Raum, in dem der Film für die Fernsehübertragung auf Band kopiert wird.

VORSPANN: Liz Friedman und John Salisbury

Im Vorspann muß vor allem der Filmtitel genannt werden. Dar-

Entwürfe für den Vorspann.

Simon und Sue bei der Auswahl der Schrift für den Vorspann.

über hinaus werden für gewöhnlich auch die Namen der Hauptdarsteller und des Drehbuchautors, des Regisseurs und der Produzenten erwähnt. Bei Spielfilmen können diese Informationen in die bereits beginnende Handlung eingeblendet werden. Für eine Serie oder einen Fortsetzungsfilm dagegen wird ein extra Vorspann entworfen, der zu Beginn jeder Folge zu sehen ist. Ein solcher Vorspann sollte den Zuschauer auf das Folgende einstimmen, ohne allerdings die Handlung vorwegzunehmen. Für *Stolz und Vorurteil* einigten wir uns darauf, daß der Vorspann lebendig und farbenfroh sein mußte, um der Verfilmung zu entsprechen. Zugleich sollte aber auch ohne Umschweife erkennbar sein, daß es sich um einen Historienfilm handelt. Wir entschieden uns für einen geradezu abstrakten Einsatz von Kostümen, die in der Verfilmung benutzt worden waren. Die Kleidungsstücke wurden beweglichen Puppen angezogen und dann mit einer 35-mm-Kamera bei verschiedenen Belichtungszeiten in Nahaufnahme gefilmt. Dadurch entstanden stilisierte, aber dennoch lebhafte Bilder, die mit der unterlegten Musik korrespondierten. Der schwierigste Teil der Arbeit bestand darin, die Titelnennungen auf ansprechende Weise in die Bilder des Vorspanns einzupassen.

ÖFFENTLICHKEITSARBEIT

Im Mai 1995 waren alle sechs Folgen fertiggestellt, und die Planung von Pressevorführungen und intensiver Werbung für das Projekt begann.

FOTO-PUBLICITY: Patricia Taylor

Mein Job ist es, für das Fotomaterial zu sorgen, mit dem die BBC für ihre Serien und Fortsetzungsfilme wirbt. Ich lese die Drehbücher, bespreche gemeinsam mit dem Produzenten die Schlüsselszenen des Films und wann sie ungefähr gedreht werden, um die Fototermine zu arrangieren. Auf diese Weise entsteht während der Dreharbeiten eine Auswahl von Fotos, die die Atmosphäre des Films relativ gut wiedergibt. Darüber hinaus werden aber auch noch extra Standfotos von den Schauspielern gemacht. Das Posieren für die Fotografen ist den Schauspielern eher lästig, und ich kann nachvollziehen, daß es für sie inmitten der hektischen Dreharbeiten eine Belastung darstellt. Doch die Werbung mit Fotomaterial ist außerordentlich wichtig, um den Sendetermin eines Films publik zu machen. Es funktioniert immer noch am besten, wenn parallel zu der Ausstrahlung in den Regalen der Zeitschriftenhändler eine Reihe von Magazinen liegt, die auf der Titelseite ein Bild aus der Filmproduktion bringen.

Bei *Stolz und Vorurteil* hatte Sue angenehmerweise einen Tag im Drehplan ausschließlich für eine solche Fotosession reserviert, was durchaus nicht üblich ist. Zu diesem Termin erschienen Fotografen verschiedener Tageszeitungen und Magazine. Für die Veröffentlichung gaben wir allerdings vorerst nur ein einziges Bild frei, eine Aufnahme von Darcy und Elizabeth. Alle anderen Fotos baten wir bis zur Ausstrahlung der ersten Episode zurückzuhalten.

PRESSEBETREUUNG: Peter Mares

Meine Aufgabe besteht darin, zum richtigen Zeitpunkt und in den richtigen Zeitschriften und Zeitungen für Publicity zu sorgen sowie Nachrichten zu unterbinden, die der Produktion schaden können.

Ungewöhnlich an diesem Projekt war, daß der Neuverfilmung von *Stolz und Vorurteil* in der Presse bereits vor Beginn der Dreharbeiten große Aufmerksamkeit geschenkt wurde. Um dem Presserummel zu begegnen, arbeitete ich mit Sue gemeinsam eine Strategie für die Pressebetreuung aus. Sue behielt recht mit ihrer Prophezeiung, daß das Interesse auch während der Dreharbeiten nicht nachlassen würde. Die erste Frage, die mir in jedem Telefonat gestellt wurde, drehte sich immer um »Darcys Nacktszene«. Journalisten können mitunter recht faul sein. Anstatt die Fakten zu überprüfen, wiederholen sie einfach, was ihre Kollegen in anderen Zeitungen geschrieben haben, ohne sich um den Wahrheitsgehalt einer Meldung zu kümmern.

In diesem Stadium haben wir uns bemüht, die Publicity so gering wie möglich zu halten, da es für ausführliche Presseberichte noch viel zu früh war. Ein paar Wochen vor der Ausstrahlung eines Films muß man allerdings geeignetes Pressematerial bereithalten. Zu diesem Zeitpunkt sollten schon erste Interviews mit Schauspielern erscheinen. Da man aber nicht garantieren kann, daß sie dann auch zur Verfügung stehen, treffen wir auch Terminabsprachen für Interviews während der Dreharbeiten, die obendrein das spezielle »Flair« des Drehortes einfangen.

Wenn ein Bericht oder ein Interview in einer monatlich erscheinenden Zeitschrift publiziert werden soll, müssen die Absprachen dafür bereits fünf Monate im voraus getroffen werden. Später geht dann eine Pressemappe mit Fotografien sowie eine Videokopie an die Zeitungen. Wenn der Ausstrahlungstermin näherrückt, veranstalte ich Previews für die Presse. Gelegentlich zeigen wir auch speziell ausgewählten Zuschauern, einem sogenannten »Testpublikum«, den kompletten Film. Da die öffentliche Debatte über die Neuverfilmung von *Stolz und Vorurteil* bereits voll im Gange war, noch ehe irgend jemand auch nur eine einzige Folge gesehen hatte, hielt ich es für sinnvoll, selbst den Impuls zu einer seriösen Auseinandersetzung in der Presse zu geben, bevor die üblichen Leserbriefe mit dem Tenor »Wie kann man es nur wagen ...« in den Zeitungen abgedruckt wurden.

Fototermin für die Presse.

ANHANG

BESETZUNG

Mr. Darcy	**Colin Firth**
Elizabeth Bennet	**Jennifer Ehle**
Mr. Bennet	**Benjamin Whitrow**
Mrs. Bennet	**Alison Steadman**
Jane Bennet	**Susannah Harker**
Lydia Bennet	**Julia Sawalha**
Mary Bennet	**Lucy Briers**
Kitty Bennet	**Polly Maberly**
Mr. Bingley	**Crispin Bonham-Carter**
Miss Bingley	**Anna Chancellor**
Mrs. Louisa Hurst	**Lucy Robinson**
Mr. Hurst	**Rupert Vansittart**
Lady Catherine de Bourgh	**Barbara Leigh-Hunt**
Miss Anne de Bourgh	**Nadia Chambers**
Mr. Collins	**David Bamber**
Wickham	**Adrian Lukis**
Sir William Lucas	**Christopher Benjamin**
Lady Lucas	**Norma Streader**
Charlotte Lucas	**Lucy Scott**
Maria Lucas	**Lucy Davis**
Georgiana Darcy	**Emilia Fox**
Fitzwilliam	**Anthony Calf**
Mr. Gardiner	**Tim Wylton**
Mrs. Gardiner	**Joanna David**
Alice Gardiner	**Natasha Isaacs**
Kate Gardiner	**Marie-Louise Flamank**
William Gardiner	**Julian Erleigh**
Robert Gardiner	**Jacob Casselden**
Mrs. Philips	**Lynn Farleigh**
Denny	**David Bark-Jones**
Colonel Forster	**Paul Moriarty**
Mrs. Forster	**Victoria Hamilton**
Sanderson	**Christopher Staines**
Chamberlayne	**Tom Ward**
Mrs. Reynolds	**Bridget Turner**
Sarah / Mädchen	**Kate O'Malley**
Hill	**Marlene Sidaway**
Carter	**Roger Barclay**
Mary King	**Alexandra Howerd**
Mrs. Jenkinson	**Harriet Eastcott**
Hannah / Dienstmädchen	**Sarah Legg**
Hodge	**y Holder**
Fossett	**Neville Phillips**
Priester	**Sam Beazley**
Maggie / Mädchen	**Annabel Taylor**
Baines	**Peter Needham**
Das Hammerklavier wurde gespielt von	**Melvyn Tan**

STAB

Drehbuch:	**Andrew Davies**
Musik:	**Carl Davis**
Casting:	**Fothergill and Lunn**
Choreographie:	**Jane Gibson**
Choreographieassistenz:	**Jack Murphy**
Erste Regieassistenten:	**Pip Short**
	Amanda Neal
Production Manager:	**Paul Broderick**
Location Manager:	**Sam Breckman**
	Clive Arnold
Continuity:	**Sue Clegg**
Produktionskoordination:	**Janet Radenkovic**
Produktionsassistenz (Post-Production):	**Sue Card**
Zweite Regieassistenten:	**Melanie Panario**
	Simon Bird
Dritte Regieassistenten:	**Sarah White**
	Anne-Marie Crawford
Verträge:	**Maggie Anson**
Produktionsbuchhaltung:	**Elaine Dawson**
Produktionssekretariat:	**Julia Weston**
Künstlerische Gestaltung:	**Mark Kebby**
	John Collins
Innenrequisiten:	**Marjorie Pratt**
Requisiten:	**Sara Richardson**
Requisiten am Set:	**Ron Sutcliffe**
	Mike Booys
Koch:	**Colin Capon**
Requisiteur:	**Bob Elton**
Maler:	**Patrick Black**
	Dennis Ring

VORIGE SEITE: Dreharbeiten für die Hochzeitsszene.

Anhang 117

Tischler am Set:	**Joe Willmott**	Musikmischung:	**Chris Dibble**
Maler am Set:	**Derek Honeybun**	Synchroncutter:	**Mike Feinberg**
Bühnenbauten:	**Barry Moll**		**John Downer**
Produktionsaufsicht:	**Vic Young**	Synchronmischung:	**Rupert Scrivener**
Visuelle Effekte:	**Graham Brown**	Zweiter Kameramann:	**Roger Pearce**
Visuelle Effekte, Assistenz:	**Mark Haddenham**	Frisuren und Maske:	**Caroline Noble**
Grafisches Design:	**Liz Friedman**	Kostüme:	**Dinah Collin**
	John Salisbury	Associate Producer:	**Julie Scott**
Assistenten des	**Kate Stewart**	(Post-Production):	**Fiona McTavish**
Kostümbildners:	**Yves Barre**	Script Editor:	**Susie Conklin**
Garderobier:	**Michael Purcell**	Film Editor:	**Peter Coulson**
Garderobiere:	**Donna Nicholls**	Produktionsdesign:	**Gerry Scott**
Assistenten des	**Philippa Hall**	Erster Kameramann:	**John Kenway**
Maskenbildners:	**Ashley Johnson**	Executive Producer:	**Michael Wearing**
	Jenny Eades	Produzentin:	**Sue Birtwistle**
	Di Wickens	Regie:	**Simon Langton**
Kameraassistent:	**Rob Southam**		
Materialassistent:	**Adam Coles**		
Kamerabühnenmann:	**Brendan Judge**		
Oberbeleuchter:	**Liam McGill**		
Assistent der Beleuchtung:	**Phil Brookes**		
Beleuchter:	**Jimmy Bradshaw**		
	Joe Judge		
Transportchef:	**Wayne Thompson**		
Ton:	**Brian Marshall**		
Tonassistent:	**Keith Pamplin**		
Erster Cutterassistent:	**Julius Gladwell**		
Zweite Cutterassistentin:	**Clare Brown**		
Steadicam-Kameramann:	**Alf Tramontin**		

Fürs Fernsehen entwickelt in Zusammenarbeit mit
Chestermead Ltd

Eine Koproduktion von BBC/A & E Network © BBC MCMXCV

Susie Conklin, Sue Birtwistle und Gerry Scott

Elizabeth, deren frühere Fröhlichkeit zurückgekehrt war, wollte so gern von Mr. Darcy wissen, warum er sich in sie überhaupt verliebt habe. »Wie konntest du nur den Anfang finden?« fragte sie ihn.

»Die genaue Stunde kann ich nicht angeben oder die Stelle, den Blick, die Worte, die den Grundstein legten. Das ist zu lange her. Ich war mitten drin, ehe ich wußte, daß es angefangen hatte.«

Die Autorinnen

Sue Birtwistle war zunächst Schauspielerin am Belgrade Theatre in der Education Company Coventry, bevor sie Regisseurin beim Royal Lyceum Theatre in der Education Company in Edinburgh wurde. Außerdem war sie Mitbegründerin und Regisseurin der Nottingham Playhouse Roundabout Company. Sie war Mitglied im Arts Council Drama Panel und hat zahlreiche Produktionen auf Tourneen durch ganz Europa begleitet. Zudem hat sie zwei Theaterstücke für Kinder geschrieben. Zu ihren Fernsehproduktionen zählen das preisgekrönte Hotel du Lac und Tony Harrisons »v«. Außerdem produzierte sie Scoop, Dutch Girls, Or Shall We Die?, Educating Marmalade (Nominierung für den Filmpreis der British Academy of Film and Television Arts), Ball-Trap on the Côte Sauvage, Oi for England und den Pilotfilm zur Serie Anna Lee.

Sue Birtwistle lebt gemeinsam mit ihrem Mann, Richard Eyre, in London und hat eine Tochter.

Susie Conklin wuchs im Südwesten der Vereinigten Staaten auf und studierte zunächst an der Columbia University englische Literatur, dann an der Universität von Aberdeen schottische und irische Literatur. In New York arbeitete sie als Redakteurin, in London als freie Schriftstellerin und Lektorin, bevor sie 1989 als Trainee im Bereich Produktion zu BBC-Television kam. Dort betreute sie eine Reihe von Sendungen aus dem Bereich Kunst, Bildung und Dokumentarfilm und wechselte schließlich in die Abteilung Drama, wo sie die dramaturgische Bearbeitung von Middlemarch, Between the Lines und Pride and Prejudice übernahm. 1995-96 leitete sie den Bereich Fernsehfilm für Screen Two. Zur Zeit arbeitet sie bei Granada Television in der Abteilung für Drehbuchentwicklung.

DANKSAGUNG

Der Verlag dankt allen nachstehend Genannten, die Fotografien zu diesem Buch lieferten oder die Erlaubnis gaben, geschütztes Material abzudrucken. Wir haben uns größte Mühe gegeben, alle Inhaber solcher Rechte ausfindig zu machen; sollten uns dennoch Fehler und Versäumnisse unterlaufen sein, bitten wir dies zu entschuldigen.

Mrs. Hurst Dancing (»The Lord of the Manor and his family ...«) by Diana Sperling, from MRS HURST DANCING and Other Scenes of Regency Life (Victor Gollancz Ltd)
© Neville Ollerenshaw 1981
The National Art Library, Victoria & Albert Museum
Radio Times
SCORE FEATURES

Cartoon aus The Guardian mit freundlicher Genehmigung von David Austin copyright © 1990

STANDFOTOGRAFEN

Sven Arnstein
Christopher Baines
Joss Barrett
Michael Birt
Matthew Ford
Robert Hill
Fatimah Namdar
Jenny Potter
Catherine Shakespeare Lane
Stuart Wood
George Wright

Die Autorinnen danken den Schauspielern und dem Filmteam für ihre Mithilfe bei der Entstehung dieses Buches und folgenden Personen für die Überlassung privater Fotografien:
Colin Capon
Mark Kebby
Caroline Noble
Julia Sawalha
Lucy Davis
Polly Maberly
Gerry Scott
Lucy Scott

Außerdem gilt unser herzlicher Dank:
Ray Marsten und Valerie Yule vom Ray Marsten Wig Studio sowie Jill Kelby und Jane McDonach von CosProp für die Erlaubnis, sie bei der Arbeit zu fotografieren
Angela Horn, der Besitzerin von Luckington Court
Peter Mares, der das Manuskript während seiner Entstehung las und wertvolle Ratschläge gab
Patricia Taylor für ihre Hilfe bei den Fotografien von den Dreharbeiten
Lucy Eyre
Peter Nurse für sein Aquarell von Rosings

Besonderer Dank gilt Pat Silburn und Julia Weston für ihre Unterstützung, unermüdliche Arbeit und ihre Ermutigungen sowie Julie Martin, die das Layout für dieses Buch entwarf.

Besonders verpflichtet fühlen sich die Autorinnen Gerry Scott, die uns hinsichtlich des Designs und der Illustrationen beriet, unermüdlich am Bildmaterial arbeitete und mit nicht nachlassendem Enthusiasmus manche Nacht und frühe Morgenstunden mit uns teilte.